다케토리 모노가타리와
일본의 옛날이야기

다케토리 모노가타리와 일본의 옛날이야기

민병훈 옮김

책머리에

이 책은 일본 최초의 가나 소설 『다케토리 모노가타리』와 일본에 전해져 내려오는 열 편의 옛날이야기를 묶어 한국어로 옮기고, 해설과 연구 자료를 붙인 것이다.

『다케토리 모노가타리』는 전승 설화를 기초로 제작된 일본 최초의 가나 소설로, '대나무를 베는 노인 전설', '가구야 히메 전설', '처 얻기 다툼 설화', '날개옷 전설' 등에 바탕을 두고 있다. 즉, 모노가타리 작자는 과거로부터 전해져 내려오던 복수의 설화를 통합하고, 여기에 현실성과 시대상을 반영하여 새롭게 각색하고, 가나 문자로 엮어 최초의 모노가타리 문학으로 탄생시킨 것이다.

또 하나의 흥미로운 점은 『고사기』 등의 신화를 의도적으로 거스르는 구조와 전개 방식을 취하고 있다는 사실이다. 신화와 달리 남자 주인공이 아닌 여성을 주인공으로 하여, 위에서 아래로 내려오는 존재로 등장시키고 있으며, 그녀는 성인식을 치렀음에도 사회 규범인 결혼을 거부하는 여성이다. 이 여성은 최고 권력자의 구혼마저 뿌리치고 달세계로 승천한다. 현대인의 시각으로 보면 그다지 특별한 것도 없는 단순한 전기적 이야기 패턴일 테지만, 당시로서는 통념을 뒤엎는 전혀 새로운 방식의 이야기였다. 신화의 세계에서는 남성이 위에서 내려와 아래의 여성과 결혼하는 '남상여하(男上女下)'의 구조가 당연했으며, 남성에게나 여성에게나 성인식은 결혼을 위한 전제적 통과의례였으며, 이렇게 결혼한 여성은 출산을 통해 가문 번창의 의무를 졌다. 그런데 당연하게 취급되던 사회적 요구인 결혼을 거부하는 여성을 등장시켰으니, 당시의 독자들은 새로운 이야기에 당혹과 환호의 감정을 동시에 느꼈을 것이다.

그러나, 이 여자 주인공 가구야 히메는 인간과는 다른 존재였다. 다시 말해서, 당대 최고의 귀공자들, 나아가 최고 권력자의 구혼을 뿌리칠 수 있었던 것은 '달세계, 즉 천상에서 온 신적 존재'였기 때문이다. 이렇게 현실 세태에 반하는 내용과 전개 방식이 이후로 많은 독자층을 구축하고 다양한 형식으로 전승되어 갔다.

한편, 일본의 옛날이야기 중에는 한국의 동화나 민화와 유사한 것이 많다. 양국의 유사 옛날이야기는 상호 영향을 주고받았을 가능성이 높지만, 책의 마지막 부분에 언급한 옛날이야기 분류 자료를 보면 세계적으로 유형의 옛날이야기가 다수 분포하는 것을 알 수 있다. 결국 이야기의 세계적인 전파와 확산이라는 측면에서 이해할 필요가 있다는 말이다. 다만, 유사한 내용이라도 나라별로 등장하는 인물이나 동물이 서로 다르거나 전개 방식에 차이를 보이기도 한다. 아마 이는 각국의 지리와 환경 등이 배경으로 반영된 결과일 것이다. 예를 들어 한국의 옛날이야기에서는 '토끼와 거북이'의 조합이 일본에서는 '원숭이와 해파리' 조합이거나, 또는 '원숭이와 게'가 전쟁을 벌이는 내용은 한국인의 정서로는 이해하기 어렵다.

한국에도 잘 알려진 일본의 옛날이야기 중에 「모모타로」가 있다. 모모타로가 도깨비들을 정벌하기 위해 길을 나설 때 개와 원숭이와 꿩이 조력자로 따라나서는데, 이 부분은 고구려 건국 신화에서 주몽이 동부여를 떠날 때 오이, 마리, 협부가 동행하는 장면을 연상시키기도 한다. 일본의 「원숭이와 게의 전쟁」에서는 어미 게를 죽인 원숭이를 징벌하기 위해 밤과 벌과 절구통과 다시마가 새끼 게의 조력자로서 함께 가는데, 이 이야기는 독일 그림 형제의 「브레멘 음악대」에서 농장에서 버림받은 동물들이 서로를 의지하며 도적들을 저들의 소굴에서 쫓아내는 이야기를 연상하게 한다.

옛날이야기의 사전적 의미를 일본어 사전에서 찾으면, "민속학에서 구승 문예의 하나. 구체적 사물과 결합해 전해지는 전설과 달리 공상적인 세계를 내용으로 하고, 보통 '옛날 옛적 어느 곳에(むかしむかし, あるところに)' 등의 말로 시작되는 것이 특징이다."라고 설명하고 있다. 전설의 사전적 의미는, "신화, 구비 등의 이야기를 핵심으로 하는 예로부터 전해 내려오는 구승문학"이라고 되어 있다. 한국어 사전에서는 "설화의 한 가지로 구체적인 배경과 특정의 증거물이 제시되는 영웅적 인물의 기행담이나 자연물의 유래 따위가 주된 내용이다."라고 정리하고 있다.

다시 말해서 옛날이야기는 구체적인 배경이나 사물의 유래와는 상관없이 공상적인 세계를 재료로 했다는 것을 알 수 있다. 그럼, 설화와는 어떤 차이가 있을까? 설화의 사전적 의미를 한국어 사전에서 찾으면, "한 민족 사이에 전승되어 온 이야기를 통틀어 이르는 말로 신화, 전설, 민담으로 구분되며, 옛날이야기를 뜻하는 말로도 사용된다."라고 설명하고 있다. 일본어 사전에도, "말, 이야기. 특히 신화, 전설, 동화 등의 총칭"이라고 되어 있다. 다시 말해서, 옛날이야기는 설화의 범주에 들어가는 구승문학이라고 정리할 수 있을 것 같다.

그 외, 설화의 범주에 포함되는 용어들의 사전적 의미를 나열하면, 신화는 설화의 한 가지로 국가의 기원이나 신의 사적, 유사 이전의 민족사 등의 신성한 이야기로, 민족적인 범위에서 전승되는 것이 특징이다. 동화는 어린이에게 들려주기 위해 만들어진 이야기로, 옛날이야기나 전설, 우화 등을 포함한다. 우화는 교훈 또는 풍자를 포함한 비유담이나 동물 등을 의인화한 것이 많다. 민화는 민중 안에서 만들어져 전승되어 온 설화를 말한다.

이상에서 살펴본 바에 따르면, 옛날이야기는 설화의 일종으로, 동화나, 우화나, 민화적인 요소를 포함하는 것을 알 수 있다. 구전되던 이야기가 문자를 만남으로써 이야기꾼의 역할은 축소되어 갔을 것으로 추정되나, 역시 서적이 일반 서민의 손에 들어가기까지는 기나긴 세월이 필요했다.

이 책에는 『다케토리 모노가타리』와 함께 열 편의 옛날이야기를 담았다. 앞에서 언급한 것처럼 『다케토리 모노가타리』는 가나라는 글자를 사용하여 제작된 최초의 모노가타리 문학이지만, 역시 몇 가지 전승 설화를 결합해 각색했다는 점에서 옛날이야기의 선상에 있는 작품이라고 할 수 있다. 아무쪼록 이 책을 통해 일본의 전통문화와 일본인의 의식 세계를 조금 더 깊이 들여다볼 수 있는 계기가 되기를 바란다.

2025년 처서 지난 어느 한여름밤

민병훈

목차

책머리에 04

일러두기 12

다케토리 모노가타리

제1장. 가구야 히메의 발견과 성장 15

제2장. 히메를 엿보는 남자들 18

제3장. 다섯 귀공자의 구혼 20

제4장. 이시쓰쿠리 황자와 부처의 바리때 28

제5장. 구라모치 황자와 봉래산의 백옥 열매의 가지 32

제6장. 아베 우대신과 불쥐의 가죽옷 44

제7장. 대납언 오오토모와 용 목의 구슬 51

제8장. 중납언 이소노가미와 제비의 안산 조개 61

제9장. 임금님의 구혼 69

제10장. 가구야 히메의 승천 77

제11장. 후지산의 연기 90

〈연구〉 『다케토리 모노가타리』의 현실과 비현실 93

일본의 옛날이야기

제1장. 해파리 사신 130

제2장. 원숭이와 게의 전쟁 142

제3장. 차 솥으로 둔갑한 너구리 153

제4장. 꽃 피우는 할아범 164

제5장. 긴타로 173

제6장. 모모타로 185

제7장. 카치카치 산 202

제8장. 고양이 이야기 215

제9장. 혀 잘린 참새 231

제10장. 딸 쥐 시집보내기 243

제11장. 옛날이야기 짤막 해설 249

〈부록〉 옛날이야기(むかしばなし)란? 254

참고 268

일러두기

1. 『다케토리 모노가타리(竹取物語)』 본문은 오분샤(旺文社)의 〈대역고전시리즈본〉을 한국어로 옮긴 것이다. 단, 쇼가쿠칸(小学館)의 〈일본고전문학전집본〉으로 적절히 보완했다.
2. 『다케토리 모노가타리』의 연구 자료는 필자의 연구에 의한다.
3. 〈일본의 옛날이야기〉는 구스야마 마사오(楠山正雄)의 『일본 신화와 10대 옛날이야기(日本神話と十大昔話)』 중 '10대 옛날이야기(十大昔話)' 부분을 한국어로 옮긴 것이다.
4. 〈일본의 옛날이야기〉의 부록은 쇼가쿠칸(小学館)의 〈일본대백과전서(日本大百科全書)〉를 참고했다.
5. 주석과 해제는 독자의 이해를 돕기 위해 옮긴이가 붙인 것이다.
6. 인명이나 지명 등의 고유명사는 일본어로 발음했을 때 소리 나는 대로 표기했으나, 신분을 나타내는 한자어는 한국식 독음을 적용하여 표기했다.
7. 일본의 전통 시 와카(和歌)는 음수를 그대로 적용하여 5·7·5·7·7 조로 옮겼다.

8. 외래어 표기는 가능한 한 현행 한글 어문 규정의 외래어표기법을 따랐으나 간혹 역자의 견해를 반영한 부분이 있다.

- 어두에 오는 청음 중에 전달력을 살리기 위해 격음으로 표현한 자음이 있다. 예) かちかちやま - 카치카치 산 등
- 장음과 단음 중 단음으로 표기했을 때 의미가 모호한 경우는 구별했다.

  예) おおとも(大伴) - 오오토모, おざわ(小沢) - 오자와 등

  예외) おおさか(大阪) - 오사카

다케토리 모노가타리

제1장.

가구야 히메의 발견과 성장

지금으로부터 보면 먼 옛날 일이다. 대나무를 베어 생활하는 한 노인[1]이 있었다. 그 노인은 산과 숲으로 들어가 대나무를 베어 갖가지 도구를 만드는 데에 사용하고 있었다. 노인의 이름은 '사누키노 미야쓰코(讃岐の造)'라고 하였다.

그러던 어느 날, 뿌리 밑동이 빛나는 대나무 한 그루를 발견했다. 노인이 이를 의아하게 여겨 그 대나무 곁으로 다가가 보자, 대나무 통 속이 빛나고 있었다. 그 안을 들여다보니 세 치[2] 정도의 무척 귀여운 여자아이가 앉아 있었다. 노인은

"제가 아침저녁으로 보아 온 대나무 속에 계신 인연으로 만나게 되었

---

1 일본어 문장에서는 '다케토리노 오키나(竹取の翁=대나무를 취하는 노인)'라는 호칭을 사용하고 있으나, 한국어 문장에서는 '노인'으로 통일했다.

2 3寸. 대체로 10cm 정도의 길이. 한 치는 약 3.03cm에 해당한다.

습니다. 당신은 대나무가 바구니가 되듯이 저의 자식이 될 분인 것 같습니다.[3]"

라고 말하고는 손바닥 위에 조심스럽게 올려 집으로 데리고 왔다. 그리고 부인에게 맡겨 키우게 했다. 그 사랑스러움이란 세상 어디에도 비길 데가 없다. 너무 작아서 대나무 바구니 안에 넣어 키웠다.

노인이 이 아이를 발견하고 나서부터 대나무를 벨 때마다 마디와 마디 사이에 황금이 들어 있는 일이 거듭되었다. 이렇게 해서 노인은 점점 유복해졌다.

아이는 대나무처럼 쑥쑥 자랐다. 발견한 지 3개월 정도 지나자, 아이는 성인식을 치르기에 합당한 어엿한 아가씨로 성장했다. 이에 노인은 길일을 택하여 머리를 틀어 올리고 예복[4]을 입혔다. 방 밖으로 내보내지도 않고 금이야 옥이야 하며 소중히 키웠다. 아이의 아름다운 외모는 세상에 비길 데가 없었고, 집 안은 아이로 인해 그늘진 곳 없이 화사한 빛으로 가득 차 있었다. 노인은 기분이 상하여 괴로울 때도 이 어여쁜 아이를 보면 근심 걱정이 사라졌다. 또한 화가 난 마음도 달랠 수 있었다.

---

3 일본어로 바구니는 '가고(駕籠, かご)' 또는 '고(籠, こ)'라고 하는데, 자식 또한 '고(子, こ)'로 발음하여, 바구니와 자식이 동음이라는 사실로 언어의 유희를 자아내고 있다.

4 헤이안 시대, 여자가 성인식을 할 때 의복 위에 허리부터 뒤쪽 하반신 위로 길게 걸치는 '모(裳, も)'라는 옷을 입는 의식을 치렀는데, 이것을 '모기노 기(裳着の儀, もぎのぎ)'라고 했다.

그 이후에도 황금이 들어 있는 대나무를 베는 일이 계속되어 노인은 세상이 인정하는 부호가 되었다. 아이도 완전히 성장하여 '미무로도인베노 아키타(三室戸斎部の秋田)'라는 작명가를 불러 좋은 이름을 짓게 했다. 아키타는 '나요타케노 가구야 히메(なよ竹のかぐや姫)[5]'라고 이름 지었다. 그리고 3일 동안 작명을 축하하는 의미에서 목소리를 높여 노래를 부르고 관현악을 즐겼다. 남자라는 남자는 가릴 것 없이 모두 불러 모아 성대한 연회를 치렀다.

---

5 '나요타케(なよ竹, なよたけ)'는 가냘픈 대나무 즉, 어린 대나무라는 의미이며, 비유적으로 가녀린 예쁜 소녀를 가리킨다. '가구야 히메(かぐや姫)'는 주인공의 이름으로 사용되고 있으므로 한글 표기도 '히메' 또는 '가구야'로 했다. '히메'는 본디 귀인의 딸을 가리키는 말로 '아가씨'와 같은 의미다.

제2장.

히메를 엿보는 남자들

세상의 남자라는 남자는 신분의 높고 낮음에 관계없이

"어떻게든 가구야 히메를 아내로 맞아 곁에 두고 오래도록 함께하고 싶다."

라고 말하며, 소문에 애를 태우고 마음을 졸였다. 집 안에서 일하는 사람조차 히메를 그리 쉽게 볼 수 있는 상황이 아닌데, 그 남자들은 잠도 자지 않고 어두운 밤에 나와서는 담에 구멍을 내어 안을 엿보거나[6] 하며 저마다 집 주변을 서성거렸다. 이러한 일들이 있고 나서부터 구혼을 위해 여자의 집 주변을 어슬렁거리는 행위를 '요바이(夜這い)[7]'라고 말하

---

6 일본어로는 'かいまみ(垣間見)'로, '엿보다'라는 사전적 의미를 갖지만, 본래는 '담의 틈으로 엿보다'라는 의미다.

7 요바이(夜這い, よばい): 밤에 남자가 구혼을 위해 여자의 침소에 들어가는 행위를 뜻하지만, 『다케토리 모노가타리』에서 남자들은 히메의 침소에 들어가지 못하였으므로, 여기서는 '밤에 여자의 집 주변을 어슬렁거리는 행위'로 사용되고 있음을 알 수 있다.

게 되었다고 한다.

보통 사람이라면 신경도 쓰지 않을 곳까지 기웃거리며 살펴보지만, 헛수고였다. 히메는 고사하고 집 안에서 일하는 사람들조차 그들을 상대해 주지 않았다. 그럼에도 그녀의 집 근처를 떠나지 않는 귀공자 중에는 밤낮을 가리지 않는 사람도 있었다. 하지만 히메에 대해 그만큼의 열의가 없는 사람은

"쓸데없이 시간만 낭비했군. 어리석은 짓이었어."

하고 말하며 발길을 끊었다.

제3장.

다섯 귀공자의 구혼

그러나 여전히 구혼을 멈추지 않는 사람들이 있었다. 세상에서도 호색가로 유명한 5인으로, 히메를 포기하지 않고 밤낮으로 찾아왔다. 그들은 '이시쓰쿠리 황자(石作皇子)', '구라모치 황자(車持皇子)', '우대신(右大臣)[8] 아베노 미무라지(阿倍のみむらじ)', '대납언(大納言)[9] 오오토모노 미유키(大伴御行)', '중납언(中納言)[10] 이소노가미노 마로타리(石上麻呂足)'라고 하는 사람들이었다. 이들은 세상의 어떤 여자든 조금이라도 미모가 뛰어나다고 알려지면 바로 자기 여자로 만들려는 사람들이었다. 하물며 히메는 절세미인이라고 소문이 나 있었기 때문에 더더욱 손에 넣고

8 우대신(右大臣, うだいじん): 조정 최고 기관인 태정관(太政官)의 장관. 태정대신(太政大臣, だいじょうだいじん) 및 좌대신 다음가는 직위.

9 대납언(大納言, だいなごん): 대신의 아래 직위에 해당하는 태정관 소속의 차관.

10 중납언(中納言, ちゅうなごん): 태정관의 차관으로 대납언의 하위, 소납언(少納言)의 상위에 해당하는 직위.

싫어 했다. 식사도 제대로 하지 않고 고민하다가 히메의 집 앞으로 가서는 하염없이 서성거려 보지만 아무런 보람도 없었다. 편지를 쓰거나 답답한 마음을 시로 써서 보내도 답장은 단 한 번도 없었다. 편지를 전하는 사람은 '이렇게 해봐야 헛수고'라고 생각하지만, 다섯 남자는 11월, 12월의 서리가 내리고 얼음이 얼어서 추위가 극심한 계절에도, 태양이 내리쬐는 6월 한여름의 대낮에도, 천둥이 치고 소나기가 내리는 날에도 어김없이 찾아왔다.

또 어떤 날에는 노인을 불러내

"따님을 저에게 주십시오."

하고 말하며 엎드려 간청했지만, 노인은

"제 친자식이 아니라서 마음대로 할 수 없습니다."

라 말하고는 그저 그렇게 세월만 보낼 뿐이었다. 그러자 귀공자들은 각자 집으로 돌아가 심란한 마음을 진정시키기 위해 신불(神仏)[11]에게 빌기까지 했다. 하지만 가구야 히메를 생각하는 마음은 사그라들 기미조차 보이지 않았다. 귀공자들은

'노인이 그리 말했지만, 평생 결혼시키지 않을 부모가 어디 있을까?'

하는 생각에 희망을 버리지 못하고 히메에 대한 애정을 과시하기 위해 한층 더 히메의 집 주변을 서성거렸다.

---

11 신불(神仏, しんぶつ): 신(神)과 부처(佛).

이것을 본 노인이 히메에게 말했다.

"소중한 나의 딸 가구야 히메여. 당신이 보통 사람과 다르다고는 하지만[12], 이만큼 자라기까지 보살핀 내 마음은 편치 않습니다. 아무쪼록 이 늙은이가 말하는 것을 들어주었으면 좋겠습니다."

그러자 히메가 대답했다.

"어찌 말씀을 거역하겠습니까. 제가 보통 사람과 다르다고 하는 사실도 몰랐고, 그저 당신을 친부로 생각하고 있었습니다."

노인은

"고마운 말씀입니다."

라고 하며 말을 이어갔다.

"이 늙은이 나이 벌써 일흔이 넘어 언제 죽을지 모르는 상황입니다. 이 세상 사람은 누구나 남자는 여자를 만나고, 여자는 남자를 만나게 되어 있습니다. 그렇게 결혼함으로써 집안이 번영하는 것입니다. 어찌 결혼하지 않고 살 수 있겠습니까."

이에 히메가

"어째서 꼭 결혼이란 것을 해야 하죠?"

하고 말하자,

---

12 히메가 대나무에서 발견되었다는 점과 3개월 만에 성인이 되었다는 점 등을 통해 보통 인간과 다른 존재인 것을 환기하는 내용임을 알 수 있다.

“아무리 당신이 보통 사람과 다르다고 해도, 여자의 몸을 하고 있습니다. 내가 살아있는 동안에는 독신으로 지낼 수 있겠지요. 하지만, 내가 죽으면 그리 살 수는 없으니 다섯 귀공자께서 오랫동안 지극정성으로 구혼한 것을 신중히 생각해 보고, 그중 한 분과 결혼하세요.”
라고 노인이 말했다. 그러자 히메가

“제가 결혼을 거부하는 이유는 그다지 훌륭한 미모도 아닌데, 상대의 마음속도 모른 채 결혼했다가 나중에 상대방의 마음이 변하면 후회할 것이 틀림없기 때문입니다. 아무리 상대가 더할 나위 없이 훌륭한 사람이라 해도 그 속마음을 모르면 결혼할 수 없습니다.”

그러자 노인은

“지당하신 말씀입니다. 내가 하려던 말입니다. 그럼 도대체 어떤 마음을 가진 분과 결혼하려고 하십니까. 저분들은 누구 할 것 없이 열의가 보통이 아닌 것 같은데…….”
하고 말했다. 이에 히메는

“그렇게 대단한 성의를 보여 달라는 말이 아닙니다. 아주 사소한 것입니다. 저를 향한 다섯 분의 마음이 전부 똑같지는 않을 것입니다. 그분들 중에서 누가 더하고 덜한지 판가름하기는 쉽지 않을 것입니다. 그러니 다섯 분 중에서 제가 원하는 물건을 가져오시는 분을 받들어 모시겠다고 전해주세요.”
하고 말했다. 노인은

"그거 좋은 생각입니다."
라며 승낙했다.

날이 저물 무렵, 귀공자들이 여느 때처럼 히메의 집 앞으로 찾아왔다.[13] 그들은 제각기 횡적(横笛)[14]을 불거나 와카[15]를 읊거나 창가를 하고, 또 어떤 사람은 휘파람을 불거나, 혹은 부채로 박자를 타고 있었다. 그런 곳으로 노인이 나와서

"이렇게 누추한 곳까지 오랜 세월 왕래하신 것을 진심으로 송구스럽게 생각합니다."
하고 말했다. 그리고는

"히메에게 이 늙은이의 목숨도 얼마 남지 않았으니 이렇게 열심히 청혼하는 분 중에서 한 분을 잘 선택해서 모시라고 권유했습니다. 그러자 히메가 '다섯 분 중 누가 더 열의가 있는지 쉽게 우열을 가리기 힘드니, 애정의 정도로 판단하도록 하지요.'라고 말하여, 저도 '그거 좋은 생각

13 당시, 남자가 여자를 방문하는 시각은 정해져 있어, 날이 어두워 찾아가 이튿날 날이 밝기 전에 그 집을 나와야 했다. 다섯 귀공자도 그런 법도에 따라 날이 저물어 히메의 집을 방문하고 있다.

14 횡적(横笛, よこぶえ): 가로로 들고 부는 피리의 총칭. 한국어명은 '저'.

15 와카(和歌, わか): 고대로부터 전해져 내려온 일본 고유의 정형시를 가리킨다. 보통 5・7・5・7・7 음수율을 띠며, '야마토 우타'라고도 한다.

입니다. 그렇게 하면 모두 불만을 가지지 않겠군요.'라고 했습니다."
라며 히메의 의사를 남자들에게 전했다. 다섯 귀공자도
"좋습니다."
하고 대답하자, 노인은 집으로 들어가 히메에게 그 뜻을 알렸다. 히메는
"이시쓰쿠리 황자님께는 '돌로 된 부처의 바리때[16]'라는 것이 있습니다. 그것을 가져오라고 전해주세요."
그리고
"구라모치 황자님께는, 동쪽 바다에 '봉래(蓬萊)[17]'라고 하는 산이 있다고 합니다. 그곳에 '뿌리는 은이고 줄기는 금이며 열매는 백옥인 나무[18]'가 있으니, 그 가지 하나를 꺾어 오시라고 전해드리고, 아베 우대신님께는, 중국에 있다는 '불쥐의 가죽옷[19]'을, 대납언 오오도모노 미유키

16 바리때(鉢, はち): 부처가 깨달음을 얻은 후 사천왕이 돌 바리때를 각기 하나씩 부처에게 드렸고, 부처는 돌 바리때 네 개를 겹쳐서 하나로 사용했다고 한다.

17 봉래(蓬萊, ほうらい): 중국의 전설에 등장하는 영산(靈山). 삼신산(三神山) 가운데 하나로, 불로초와 불사약이 있다는 불로불사의 땅을 말한다. 동쪽 바다 한가운데에 있으며 신선이 사는 곳이라고 전한다.

18 봉래산에 있는 불로불사의 약이 된 구슬 가지다. 『사기』의 진시황 본기에, 서복이 동남쪽 바닷속에 있다는 환상의 봉래산에 불사약을 찾으러 갔다가 상어의 방해를 받았다는 허언에서 불로불사의 약으로 알려졌다.

19 불쥐(火鼠, ひねずみ): 상상 속의 동물로, 중국 서쪽의 험산인 곤륜산(崑崙山) 속 불타는 나무에 사는 괴이한 쥐로, 그 가죽은 불에 타지 않는다고 전한다. 중국 고대의 전설 속 동물인 불쥐와, 이야기 성립 당시 유행하던 담비의 모피로 만든 초구(貂裘)에서 구상한

님께는 '용의 목에 있는 오색 구슬[20]'을 가져오시라고 해 주세요. 이소노가미노 마로타리님께는, '제비가 가지고 있다는 안산 조개[21]'를 하나 가져오시라고 전해주세요."

하고 말했다. 히메의 말을 들은 노인이

"그거참, 무엇 하나 쉬운 게 없군요. 일본에 있는 물건들도 아니고……. 어떻게 그런 어려운 부탁을 드릴 수 있겠습니까?"

하고 말하자 히메가

"무엇이 어렵다는 거죠?"

하고 반문했다. 이에 노인은

것으로, 실제로 초구는 9세기 후반에는 높은 신분의 사람에게만 사용이 허가되었다고 한다. 발해에서 건너온 검은색 담비의 모피로 만든 옷은 당시 불의 색과 같은 진홍색에 공상과 신비감이 가미되어 불쥐의 가죽옷으로 알려졌다고 한다.

20 『다케토리 모노가타리』의 작자가 『장자(莊子)』에 등장하는 '용의 턱에 오색으로 빛나는 구슬' 이야기를 각색한 것으로 알려져 있다. 실제로 일본의 정창원 보물(正倉院宝物) 중 여러 약장(薬帳)에 보면 '오색용의 이빨'이라고 불리는 물결 모양의 능선과 담청의 줄무늬가 들어간 25cm 정도의 석약(石薬)이 전해지고 있다고 한다.

21 안산 조개(子安貝, こやすがい): 몸에 지니면 순산한다고 하여 부적으로 쓰인 조개껍데기. 여기서는 제비가 알을 낳을 때, 순간적으로 내보이는 환상 속의 조개를 말한다. 제비는 사도(佐渡)나 와카야마(和歌山)에 남아있는 민간 전승에서 생식과 순산을 관장한다고 전해진다. 안산 조개는 자패(宝貝)의 일종으로, 형상이 여성의 생식기와 흡사하여 고대인들은 생식의 힘이 있다고 믿었으며, 임신부가 출산할 때 쥐고 있으면 순산한다는 신앙이 있었다고 한다. 또 조개는 화폐로 취급되어 재산과 자손의 번영을 가져오는 제비와 결합하여 『다케토리 모노가타리』에 채용된 것으로 보인다.

“아무튼 말해 보기라도 하지요.”

하고 말하며 밖으로 나가 남자들에게

“히메가 말한 것들을 가져와 주십시오.”

하고 히메의 뜻을 전했다. 그러자 황자들과 귀족들은 이 말을 듣고

“차라리 솔직하게 더 이상 여기에 오는 것을 삼가라고 하지 그러시오!”

하고 넌더리를 내며 모두 돌아가 버렸다.

제4장.

이시쓰쿠리 황자와 부처의 바리때

히메의 까다로운 요구에 모두 진절머리를 내며 돌아갔지만, 이해타산적인 성격의 이시쓰쿠리 황자는 히메와 결혼하지 않고서는 살아갈 수 없을 것 같은 심정이었기 때문에, 인도에 있는 물건이라 한들 가져오지 못할 일이 있을까 하며 이리저리 궁리를 거듭했다.

'인도에도 하나밖에 없다는 귀중한 바리때를 찾아 백만 리 천만 리 먼 곳까지 간다고 한들 어차피 손에 넣을 수는 없을 거야.'

하고 생각하며, 히메 쪽에는

"오늘 바리때를 찾으러 인도로 떠납니다."

라고 알리고는 3년 정도 시간이 흐른 뒤, 야마토 지방 도치군[22]에 있는

22 야마토 지방 도치군(大和国十市郡): 지금의 긴키(近畿) 지방 나라현(奈良県) 가시하라시(橿原市)와 사쿠라이시(桜井市) 다와라모토혼초(田原本町)의 경계 부근.

산사에서 빈두로(賓頭盧)[23] 앞에 있던 새까맣게 그을린 바리때를 가져와 비단 봉투에 넣고 조화(造花)의 가지에 붙여 히메의 집으로 가지고 왔다.[24] 이것을 미심쩍게 여긴 히메가 바리때 안을 살펴보니 편지가 들어 있었다. 펼쳐보자, 와카가 적혀 있었다.

산과 바다의 여로에 내 마음을 모두 다 바쳐
손에 넣은 바리때 눈물에 젖습니다[25]
海山の 道に心を つくしはて
ないしのはちの 涙ながれき

히메가 바리때에 빛이 있는가 하여 봤더니, 반딧불만큼의 빛조차 보이지 않았다.

---

23 빈두로(賓頭盧, びんずる): 석가모니의 명을 받들어 열반에 들지 않고 중생을 이끄는 아라한. 머리는 하얗고 눈썹은 길다. 우리나라에서는 독성(獨聖), 나반존자(那畔尊者)라고 하여 절마다 받들어 모신다.

24 당시 선물을 할 때, 생화나 조화(造花)에 붙여 보내는 풍습이 있었다.

25 〈인도는 아주 먼 거리여서 바다를 건너고 산을 넘어 고생해서 손에 넣은 바리때입니다. 참으로 피눈물 나는 여행이었습니다. 부디 이런 저의 진심을 알아주셨으면 합니다.〉

맺힌 이슬의 빛조차 보이지 않는 까만 바리때
오구라 야마에서 무얼 찾은 건가요[26]
置く露の 光をだにも やどさまし
小倉の山にて 何もとめけむ

하고 말하며 노래와 함께 그 바리때를 돌려주었다. 황자는 바리때를 문 밖에 버리고 히메에게 반가를 읊어 보냈다.

시라 야마[27]를 앞에 두면 빛깔이 바래버리니
수치심을 버리고 이렇게 기대하오[28]
白山にあへば光の失するかと
はちを捨てても頼まるるかな

---

26 〈진짜 부처의 바리때라면 적어도 풀잎 위에 내린 이슬의 빛 정도는 있을 텐데 이것은 새까맣습니다. 그 어둡다고 하는 오구라 야마 산에서 도대체 무엇을 찾아온 것입니까?〉

27 시라 야마(白山, しらやま): 이시가와현(石川県)과 기후현(岐阜県)의 경계에 자리한 휴화산으로, 예로부터 영산(靈山)이라 하여 찾는 사람이 많다.

28 〈바리때가 빛을 발해도 시라 야마 산같이 밝게 빛나는 히메 앞에서는 빛이 사라져 버리는 것인가 하여, 일단 바리때를 버리지만, 히메의 마음을 얻을 수 있지 않을까 하여 부끄러움을 버리고 그만 기대하고 맙니다.〉

하고 읊어 보냈다. 히메는 더 이상 답가를 하지 않았다. 황자의 말에 귀를 기울이려고 하지도 않자, 황자는 미련을 버리지 못한 채 투덜거리며 돌아가 버렸다.

그 바리때를 문밖에 버리고 또다시 진짜라고 우긴 일에 빗대어, 부끄러움도 모르고 하는 뻔뻔한 행위를 세상에서는 '하지오 스테루(부끄러움을 버리다)[29]'라고 말하게 되었다고 한다.

29 이시쓰쿠리 황자가 버린 바리때라는 의미의 '鉢(はち)'와 부끄러움이라는 의미의 '恥(はじ)'의 발음이 유사한 것을 이용한 언어유희다.

제5장.

구라모치 황자와 봉래산의 백옥 열매의 가지

구라모치 황자(車持皇子)는 책략에 능한 사람으로, 조정에는

"쓰쿠시(筑紫)[30] 지방으로 탕치(湯治)[31]하러 갑니다."

하고 휴가를 청하고, 히메의 집에는

"백옥 열매의 가지를 찾으러 간다고 전하여라."

이렇게 수하에게 알리게 하고는 도성을 뒤로하셨다. 수행원들은 나니와(難波) 항[32]까지 배웅해 드렸다. 황자는

"지극히 사적인 여행이니까……."

하고 말씀하시며 수행원도 몇 명 데리고 가지 않으셨다. 일상적으로 자신의 신변에서 시중을 드는 몇몇 사람만을 배에 태워 출발하셨다. 배웅

---

30 쓰쿠시(筑紫, つくし): 규슈(九州)의 옛 이름. '지쿠젠(筑前), 지쿠고(筑後)'의 총칭.

31 탕치(湯治, とうじ): 온천에서 목욕하며 병을 고치는 일.

32 나니와 항(難波の港, なにわのみなと): 오사카 항구의 옛 이름.

나온 사람들은 황자를 환송해 드리고 다시 교토로 돌아왔다. 이처럼 황자는 쓰쿠시 지방에 간 것으로 사람들에게 생각하게 하시고, 3일 정도 지나 몰래 다시 나니와 항으로 노를 저어 돌아오셨다.

출발하기 전에 미리 계획을 명해 놓았기 때문에, 사람들이 쉽게 접근할 수 없는 집을 지어 삼중으로 가마를 쌓고, 당시 손에 꼽을 정도로 몇 안 되는 솜씨 좋은 주물세공사(鑄物細工師) 여섯 명을 불러 모아 안에 들이게 하신 후 황자도 그곳에 머무르셨다. 이 계획을 알고 있는 사람은 모두 열여섯 명으로, 천장에 굴뚝을 만들어 환기구를 내고, 세공사들에게 작업을 하게 하셨다. 그 결과 히메가 말한 그대로, 한 치의 오차도 없는 백옥 열매의 가지를 만들어 냈다.

그리고 그것을 사람의 눈을 속여 나니와 항으로 은밀히 가지고 나왔다. 황자는

"드디어 돌아왔노라."

하고 말하며, 자신의 저택으로 심부름꾼을 보내신 후 무척 지친 모습을 하고 계셨다. 황자를 맞이하기 위해 저택에서 많은 사람이 마중을 나왔다. 백옥 열매의 가지를 큰 궤에 넣어 덮개를 덮고 교토로 가지고 오시는데, 어느새 세상 사람들이 이 소식을 듣고는

"구라모치 황자가 진귀한 우담화(優曇華)[33]를 갖고 도성으로 돌아오셨대."

---

33 우담화(優曇華, うどんげ): ①인도에서 삼천 년에 한 번 꽃이 핀다고 전해지는 상상 속의

하며 웅성거렸다. 이것을 들은 히메는

"사실이라면 황자에게 분명 지고 말 거야."

하고 생각하자 불안해서 견딜 수 없었다.

그러고 있는 사이, 황자의 수행원이 문을 두드리며

"구라모치 황자님께서 오셨습니다."

하고 고했다.

"여행복 차림 그대로 오셨습니다."

라고 하인이 말하자 노인이 나가 맞이했다.

황자가

"목숨을 걸고 백옥 열매의 가지를 구해왔소이다."

하고 말씀하시며

"히메에게 보여 드리세요."

라고 하자, 노인은 백옥 열매의 가지를 들고 히메의 방으로 들어갔다. 백옥 열매의 가지에는 편지가 첨부되어 있었다.

이 몸 헛되이 죽는다고 하여도 구슬 가지를

식물. ②뽕나뭇과의 낙엽 교목. 키는 3미터 정도로, 잎은 달걀 모양. 꽃은 작아서 잘 보이지 않고 열매는 긴 타원형으로 지름이 3cm 정도로 열매는 먹을 수 있고 잎은 가축과 코끼리의 사료로 씀. ③천장이나 나뭇가지에 슨 풀잠자리의 알. 여기서는 ①에 해당한다.

손에 넣지 않고는 돌아올 수 없었소[34]
いたづらに身は なしつとも 玉の枝を
手折らでただに帰らざらまし

히메가 이 노래를 보는 둥 마는 둥 하자, 노인이 숨을 몰아쉬며 말했다.

"히메가 요구한 대로 봉래산에 있는 백옥 열매의 가지를 황자는 한 점 틀린 곳 없이 가지고 오셨습니다. 무엇을 이유로 트집을 잡을 수 있겠습니까. 더욱이 여행복 차림 그대로 자신의 저택에도 들르지 않고 오셨습니다. 어서 황자와 결혼하여 아내로서 섬기세요."

히메는 대답도 하지 않고 손으로 턱을 괸 채 어찌할 바를 몰라 한스러운 표정으로 생각에 잠겨 있었다. 이에 황자는

"이제 와서 다른 말을 해서는 안 됩니다."

하고 말하며 히메의 방 앞 툇마루로 올라오셨다.[35] 노인은 황자의 행동도 당연지사라고 생각하여 히메에게

"일본에서는 볼 수 없는 구슬 가지입니다. 이런 상황에서 어찌 거부

34 〈이 몸은 허무하게 죽는다 해도 소중한 백옥 열매의 가지를 손에 넣지 않고서는 결코, 돌아오지 않았을 것입니다.〉

35 본래는 여성의 방 앞 툇마루에 허락 없이 올라가서는 안 되지만, 구라모치 황자는 가구야 히메가 낸 난제를 해결했으므로 결혼 승낙을 받은 것과 다를 바 없다고 생각해 히메의 방 앞 툇마루로 올라간 것이다.

를 할 수 있겠습니까. 인품도 좋은 분이십니다."

하고 말했다. 히메는

"부모님 말씀을 끝까지 거절하는 것이 마음에 걸려 일부러 손에 넣기 어려운 물건을 요구했던 것인데……."

하고 말하며, 이렇게 기막힐 정도로 자신이 주문한 것과 똑같은 백옥 열매의 가지를 가져온 사실을 얄궂다고 생각했지만, 노인은 이미 마음을 정한 듯 침실에 황자를 맞이할 준비를 했다.

노인이 황자에게

"어디에 이 나무가 있었습니까? 신기할 정도로 아름답고 훌륭한 물건이네요."

하고 말씀드렸다. 이에 황자는

"3년 전 2월 10일경에 나니와 항에서 배를 타고 먼 바다로 나가니 어디로 가야 할지 몰라 막막했지만, 원하는 것을 얻지 못하면 이 세상에 살아있다 한들 무슨 소용이 있을까 생각되어 목적지도 모른 채 그저 바람에 맡겨 노를 저었습니다. 만일 목숨이 다했다면 그것으로 끝이겠지만, 살아 있는 동안에 이렇게 노를 젓다 보면 '봉래'라고 하는 산을 만날지도 모른다는 일념으로 파도를 헤치며 일본의 해역을 벗어나 계속해서 노를 저어갔습니다. 어떤 때는 파도가 거칠어져 당장에라도 바다 밑으로 가라앉을 것 같았고, 어떤 때에는 바람이 부는 대로 떠다니다 들어보지도 못한 나라에 떠밀려 갔는데, 도깨비 같은 것이 나와 우리를 죽이려고 했습니다. 또 어떤 날에는 출발한 방향과 나아갈 방향도 모른 채 망망대해에 덩그러니 버려진 것 같았습니다. 또 어떤 때는 식량이 다 떨어져 풀뿌리를 먹기도 했습니다. 그리고 어떤 날은 뭐라 말할 수 없이 혐오스러운 것이 나와서 우리를 잡아먹으려고까지 했습니다. 또 어떤 날에는 바다 조개를 잡아 겨우 연명한 적도 있습니다.

아무도 도와줄 사람이 없는 여행지에서 이런저런 병에 걸려 앞으로가 참으로 불안했습니다. 이렇게 그저 배가 떠다니는 대로 바다를 표류하여 500일째 되는 날 오전 8시 무렵이었는데, 넓은 바다 한가운데에 희미하게 산이 보였습니다. 배 안에 있는 모든 사람이 너나 할 것 없이 앞다투어 산을 바라보았습니다. 가까이 다가가 보니 바다 위에 떠 있는 것은 엄청나게 큰 산이었습니다. 그 산은 반듯하게 높이 솟아있었습니다. 이것이야말로 내가 찾던 그 봉래산일 거라고 생각하자 기쁘기도 하고 한편으로는 무섭게도 느껴졌습니다. 산 주위를 배로 둘러보며 2, 3일 정도 지켜보고 있으려니까 천인(天人)의 의복을 입은 여자가 산중에서 나와 은그릇으로 물을 떠 담고 있었습니다. 이것을 보고 배에서 내려

'이 산의 이름은 무엇이라고 합니까?'

하고 묻자, 여자가

'이것은 봉래산입니다.'

하고 대답했습니다. 이 말을 들으니 더할 나위 없이 기뻤습니다. 여자는

'그렇게 말씀하시는 분은 누구십니까?'

하고 물으며

'나의 이름은 호우칸루리[36]입니다.'
라고 말하고는 홀연히 산으로 들어가 버렸습니다. 그 산을 올려다보니 오르기에 불가능해 보였습니다.

깎아지른 듯한 절벽 주위를 둘러보니 이 세상에서는 볼 수 없는 갖가지 꽃나무가 들어차 있었습니다. 금, 은, 유리(瑠璃)[37]색 물이 산에서 흘러내리고 있었습니다. 그 물줄기에는 다양한 색의 구슬로 장식된 다리가 걸려 있었습니다. 다리 부근에는 환하게 빛나는 나무가 늘어서 있었는데, 그중에서 지금 꺾어 가지고 온 것은 다른 것에 비해서 무척 뒤떨어지는 것입니다. 그렇지만, 만에 하나 히메가 말씀하신 것과 다르면 안 될 것이라 생각하여 이 꽃을 꺾어 온 것입니다. 이 세상과는 비교조차 할 수 없는 산의 아름다움에 마음을 빼앗겼지만, 가지를 손에 넣었기 때문에 마음이 급해져 서둘러 돌아오려고 배에 오르니 순풍이 불어 400여 일 만에 돌아올 수 있었습니다. 부처님의 자비로운 도우심이 있었던 걸까요, 나니와에서 어제 바로 교토로 돌아왔습니다. 바닷물에 흠뻑 젖은 옷조차 갈아입지 않고 곧장 이곳으로 왔습니다."

---

36 선녀의 이름이다. 선녀는 봉래산의 상징이며 이름에서 '루리(瑠璃)'는 유리를 가리키며 당시 보물의 일종으로, 신선이 사는 세계라는 사실을 강조하기 위한 것으로 이해된다.

37 유리(瑠璃, るり): ①칠보(七寶)의 하나인 청보석. ②'가라스(ガラス)'의 옛 이름

하고 말씀하시자, 노인은 듣고 매우 감동하여 한숨을 내쉬며 노래를 읊었다.

> 대나무 베며 오랫동안 살아온 산과 들에도
> 그와 같이 고단한 경험은 없었지요[38]
> くれ竹の よよのたけとり 野山にも
> さやはわびしき ふしをのみ見し

이 노래를 황자가 듣고는

"오랫동안 고민으로 가득 찬 나의 마음은 오늘 겨우 안정을 찾았습니다."

하고 말씀하시며 반가(返歌)로

> 내 소맷자락 오늘에야 이르러 겨우 마르니
> 그간의 고생들도 모두 잊히겠지요[39]
> わが袂 今日かわければ わびしさの
> 千種の数も 忘られぬべし

---

38 〈오랫동안 들판을 헤치며 살아온 다케토리와 같이 천한 사람도 황자님처럼 고생한 적은 없습니다.〉

39 〈바닷물과 눈물에 젖어 있던 내 소맷자락도 배 여행이 끝나고 백옥 열매의 가지를 얻은 기쁨에 오늘 겨우 말랐으니, 지금까지의 수많은 고생도 분명히 잊히겠지요.〉

하고 읊으셨다.

이렇게 노인과 황자가 이야기를 나누고 있을 때, 웬 남자 여섯이 줄지어 마당으로 들어왔다. 그중 한 남자가 나뭇가지 끝[40]에 편지를 꽂아 노인에게 올리며 말했다.

"제작소의 장인, 아야베노 우치마로(漢部内麻呂)가 아룁니다. 백옥 열매의 가지를 만들기 위해 오곡을 끊고 천여 일간 오직 한 마음으로 일을 했습니다. 그럼에도 아직 대가를 받지 못했습니다. 대가를 받아 수하들에게 나누어 주려고 합니다."

하고 말하며 편지를 꽂은 가지를 받들어 올렸다. 노인은

'이 장인이 대체 무슨 말을 하는 걸까?'

하고 의아하게 생각하며 고개를 갸웃거렸다. 황자는 너무 어이가 없어 망연자실해 있었다. 가구야 히메가 듣고

"그 남자가 올린 편지를 가져오라."

라고 말하고 받아서 보니, 편지에는

"황자님은 천일 동안 저희 같은 천한 장인들과 함께 같은 곳에 은거해 계시며 진귀한 백옥 열매의 가지를 만들게 하시고, 보수뿐만 아니라 관직도 주시겠다고 말씀하셨습니다. 최근 들어 생각해 보니 이 물건은 황자님의 측실(御召)이 되실 가구야 히메가 요구하신 것이라는 사실을

---

40 당시, 문서 등을 귀인에게 건넬 때는 흰 나뭇가지에 끼워서 건네는 풍습이 있었다.

알았습니다. 그래서 이 댁에서 보수를 받고자 하는 것입니다."
하고 쓰여 있었고, 또한 구두로도
"당연히 여기서 받아야 할 것 같습니다."
하고 말하는 것을 듣고, 가구야 히메는 해 질 녘부터 고민하고 있던 마음이 맑게 개어, 노인을 불러 말했다.
"이 백옥 열매의 가지가 진짜 봉래의 나무인가 생각했는데, 이런 어처구니없는 물건이었으니 어서 돌려드리세요."
이에 노인은
"분명히 만든 물건이라고 들은 이상, 돌려드리는 것이 맞겠지요."
하고 말하며 고개를 끄덕이고 있었다. 가구야 히메의 마음은 개운해져 조금 전 황자가 읊은 노래에

> 참인가 하여 유심히 살펴보니 화려한 말로
> 만들어진 거짓의 백옥 가지더이다[41]
> まことかと 聞きて見つれば 言の葉を
> かざれる玉の 枝にぞありける

하고 반가를 읊어, 가짜 백옥 열매의 가지와 함께 돌려주었다.

---

41 〈황자님의 말씀을 듣고 진짜인가 하여 백옥 열매의 가지를 살펴보았더니 입에 발린 말로 꾸며진 가짜였습니다.〉

노인은 그렇게 황자와 의기투합하여 이야기를 나눈 사실을 부끄럽게 생각하여 자는 체하고 있다. 황자는 서지도 앉지도 못하고 안절부절못하다가 날이 저물자마자 아무도 모르게 빠져나가셨다.

가구야 히메는 대가를 요구하는 장인들을 불러 앉히고,

"참으로 고마운 사람들입니다."

라고 말하며 보수를 두둑이 챙겨 주셨다.

장인들은 무척 기뻐하며,

"생각했던 대로다."

하고 말하며 돌아갔다. 하지만 돌아가는 길에 구라모치 황자가 부하들을 시켜 피가 흐를 때까지 그들을 구타하고 돈을 빼앗아 버리게 하셨다. 장인들은 대가를 받은 보람도 없이 모두 빼앗겨 무일푼으로 뿔뿔이 도망쳐 자취를 감췄다.

구라모치 황자는

"내 평생 이보다 더한 치욕은 없을 것이다. 여자를 내 사람으로 만들지 못했을 뿐 아니라, 이 일에 대해 세상 사람이 왈가왈부할 것이 부끄럽다."

말씀하시고, 혼자 깊은 산 중으로 들어가셨다. 황자의 집안사람들과 신하들 모두가 분담하여 찾았지만, 돌아가시기라도 한 것일까, 결국 찾을 수 없었다. 나중에 알고 보니 황자가 일부러 수행원에게 모습을 보이지 않으시려고 여러 해 동안 숨어 지내신 것이었다.

이처럼 백옥 열매의 가지 사건이 있은 뒤부터 ‘다마 사카루(정신 나가다)[42]’라는 말이 사용되기 시작했다고 한다.

42 ‘다마 사카루(魂離る, たまさかる)’는 ‘영혼이 떠나다’라는 뜻으로, 숨을 거둔 것을 의미하지만, 여기서는 ‘백옥 열매의 가지’가 가짜로 들통나 그 수치심에 산중으로 사라져 행방이 묘연해진 일로부터 ‘정신(넋) 나가다’라는 말이 해학적으로 사용되기 시작한 것으로 보인다.

제6장.

아베 우대신과 불쥐의 가죽옷

우대신 아베노 미무라지는 재산이 많고 가문도 번창한 분이셨다. 히메로부터 가죽옷을 구해올 것을 제안받은 그해에 때마침 일본에 들어와 있던 당나라 무역선[43]의 주인인 오케이(王啓)라는 사람에게 편지를 썼다.

"불쥐의 가죽옷이라는 게 있다고 들었는데, 그것을 구해서 보내주시오."

그리고 이 글을 오노노 후사모리(小野房守)라는 믿을 만한 가신에게 맡겨 당나라로 보냈다. 후사모리는 편지와 돈을 가지고 그 나라에 당도하여, 오케이에게 편지와 함께 돈을 건넸다. 오케이는 편지를 펼쳐 읽고 답장을 했다.

"불쥐의 가죽옷은 당나라에는 없는 물건입니다. 소문으로는 들어 알고 있지만, 아직 본 적은 없습니다. 만약, 이 세상에 있는 물건이라면 당

43 당시 일본이 당나라 등과 교역하고 있었다는 사실을 알 수 있다.

나라에도 분명 들어오겠지요. 하지만 어디에도 없는 것을 보면 이것은 무척 어려운 거래입니다. 그러나 만약 누군가 산지에서 천축(天竺)[44]에 가지고 들어간 일이 있다면, 장자(長者)[45]의 집 등을 방문하여 구할 수 있겠지요. 하지만 어디에도 없는 물건이라면 심부름꾼(使者)에게 맡겨 돈을 돌려보내 드리지요."

라고 쓰여 있었다.

그 후 이윽고 당나라의 무역선이 하카타(博多)[46]에 들어왔다. 대신은 오노노 후사모리가 일본에 도착하여 교토로 상경한다는 소식을 듣고 서둘러 발 빠른 말(馬)을 보내셨다. 후사모리는 이 말을 타고 쓰쿠시(筑紫)에서 7일 만에 상경했다. 오케이의 편지를 보니 다음과 같이 쓰여 있었다.

"불쥐의 가죽옷을, 사람을 써서 가까스로 구해 보내드립니다. 옛날이나 지금이나 이 가죽옷은 좀처럼 손에 넣기 어려운 물건입니다. 그 옛날, 존귀한 인도의 고승(高僧)이 당나라에 가지고 들어오신 것이 서쪽 산사에 있다는 소문을 듣고, 조정에 간청하여 가까스로 사들여 이렇게 보내드리는 것입니다. 그런데 이것을 매입한 관리가 제가 보낸 심부름꾼

---

44 천축(天竺, てんじく): 당시 동아시아에서 인도를 부르던 명칭.

45 장자(長者, ちょうじゃ): 여기서는 큰 부자를 높여 이르는 말. 거부(巨富).

46 하카타(博多, はかた): 후쿠오카시 동쪽 일대의 옛 이름으로, 한반도와의 교통의 요충지이며 교역이 이루어지던 지역이다.

에게 대금이 부족하다고 하여 저의 돈을 보태 샀습니다. 그러니 50냥[47]을 더 주셔야 할 것 같습니다. 제 배가 당으로 돌아올 때 돈을 보내 주십시오. 만약 그 대금을 치를 수 없다면 맡긴 그 가죽옷을 돌려주십시오."

이것을 본 우대신은

"무슨 말씀을……. 얼마 안 되는 금액인데. 아무튼 고맙게도 이 귀한 것을 구해서 보내주었구나."

하고 말하며, 오케이가 있는 당나라 쪽을 향해 엎드려 절하셨다.

가죽옷이 들어 있는 상자를 보니, 아름다운 각양각색의 유리가 섞여 풍성한 빛깔을 발하고 있었다. 그 상자 안의 가죽옷은 감청색[48]이었다. 털끝은 금빛을 발하며 화려하게 빛나고 있었다. 그야말로 보물 중의 보물로, 그 훌륭함이란 그 무엇과도 비교할 수 없었다. 불에 타지 않는다는 사실보다 그 완벽한 아름다움은 세상에 비교할 것이 없었다.

"과연, 가구야 히메가 탐낼 만한 물건이군."

이라고 우대신은 말씀하시고,

"아, 참으로 귀하고 훌륭하구나."

하고 말하며, 가죽옷을 상자에 넣어 꽃가지에 붙이고 우대신 자신도 정

47 당시의 한 냥은 현재의 가치로 약 6만 엔 정도로 50냥은 약 300만 엔 정도다.

48 감청색(紺青の色, こんじょうのいろ): 24가지 색상 중 순색의 하나. 파랑에 약간의 빨강이 섞인 색. 파랑과 청자색(青瓷色) 사이의 색으로 파랑과 혼동(混同)하기 쉽다. 색명은 연한 자청색(紫青色)이며 고유 색명은 감청색이다.

성 들여 화장을 하셨다.[49]

'틀림없이 이대로 사위가 되어 히메의 집에 머물게 되겠지.'
하고 생각하시며, 가죽옷과 함께 노래를 지어 가지고 가셨다. 그 노래는

꺼지지 않는 정열에도 안 타는 가죽옷이니
오늘은 소매 마른 옷 입을 수 있겠죠[50]
かぎりなき 思ひに焼けぬ 皮衣
袂かわきて 今日こそは着め

라는 내용이었다.

우대신은 가죽옷을 들고 가구야 히메의 집 문 앞에 서서 노인이 나오기를 기다리고 있었다. 이윽고 노인이 나와서 가죽옷을 건네받아 가구야 히메에게로 가서 보여주었다. 히메는 이 가죽옷을 보고,

"근사한 가죽옷이네요. 하지만 이것이 진짜 가죽옷이라는 근거는 어디에도 없어요."
하고 말하자, 노인은

"어찌 되었든, 먼저 대신님을 안으로 모셔 드리지요. 이 세상에서는

49 당시에는 남자도 여자와 마찬가지로 화장을 한 사실을 엿볼 수 있다.

50 〈히메에 대한 끝없는 정열에도 타지 않는 가죽옷을 손에 넣었으니, 괴로운 사랑의 눈물에 젖어 있던 나도 오늘은 마른 소매의 옷을 입을 수 있겠지요.〉

볼 수 없는 진기한 가죽옷이니 이 가죽옷이 진짜라고 믿는 것이 좋을 것 같습니다. 부디 사람을 너무 곤란하게 하지 마세요."

하고 말하며, 대신을 불러서 방(座敷)에 앉게 해 드렸다.

'이렇게 대신님을 방안으로 모셨으니, 이번에는 히메도 분명 결혼하겠지.'

하고 노파도 마음속으로 기대하고 있었다. 노인은 가구야 히메가 독신인 것을 한스럽게 생각하고 있었기 때문에

'멋지고 귀하신 분과 결혼시키자.'

하고 이리저리 궁리하고 있었지만, 무슨 이야기를 해도

"싫습니다."

라고만 하니, 억지로 결혼을 시킬 수도 없는 노릇이라, 노인 부부가 이것저것 걱정하는 것도 무리는 아니었다.

가구야 히메가 노인에게 말하기를,

"이 가죽옷을 불에 태웠을 때, 타지 않으면 이것이야말로 진짜라고 믿고 그분의 말씀에 따르겠습니다. '이 가죽옷은 이 세상에 둘도 없는 물건이니까, 이것을 진짜 불쥐의 가죽옷이라고 믿자.'라고 말씀하셨지만 역시, 가죽에 불을 붙여서 진짜인지 아닌지 시험해 봐야겠어요."

하고 말했다. 노인은

"지당한 말씀입니다."

라고 말하고, 대신에게

"히메가 이처럼 말합니다."
하고 히메의 말을 전했다. 그러자 대신이

"이 가죽옷은 당나라에도 없던 것을 겨우 찾아내 손에 넣은 것이라고 합니다. 그러니 조금도 의심의 여지가 없습니다."
하고 대답하자, 그에 대해 노인이

"당나라 상인이 그렇게 이야기했다고 해도, 히메가 요구한 대로 어서 불을 붙여봐 주십시오."
하고 말하므로, 대신은 가죽옷을 과감하게 불 속에 집어넣으셨다. 그러자, 옷은 활활 타버렸다. 그것을 본 히메는

"역시 생각했던 대로 가짜 가죽옷이었네요."
하고 말했다. 대신은 이것을 보시고 얼굴이 풀잎처럼 새파래지셨다.

가구야 히메는

"아, 다행이다."
하며 기뻐했다. 히메는 대신이 조금 전에 읊어 보내신 노래의 답가를 가죽옷이 들어 있던 상자에 넣어 돌려주었다.

> 흔적도 없이 타버릴 것이란 걸 알았더라면
> 불에 태우지 말고 바라만 봤을 것을[51]

---

51 〈이처럼, 가죽옷이 흔적도 없이 타버릴 것이란 사실을 미리 알았더라면, 불에 넣지 말

名残りなく 燃ゆと知りせば 皮衣
思ひのほかに おきて見ましを

라고 쓰여 있었다. 그것을 보고 대신은 풀이 죽어 돌아가셨다.

세상 사람들은

"아베 우대신이 불쥐의 가죽옷을 가지고 와서 가구야 히메와 결혼하신다고 들었는데, 여기에 계시는가?"

하고 물었다. 그때 그 자리에 있던 집안사람이

"가죽옷을 불에 넣었더니 활활 타버려서 가구야 히메는 결혼하시지 않습니다."

하고 말하자, 이것을 듣고 세상에서는 목적을 달성하지 못하고 맥이 빠져 버린 경우를 '아베'라는 이름에 관련지어 '아헤 나시(어이없다)'라고 말하게 되었다고 한다.

고 감상만 했을 텐데. 불에 넣어서 아까운 일을 했네요.〉

제7장.

대납언 오오토모와 용 목의 구슬

오오토모노 미유키 대납언이 자기 집에서 시중드는 모든 사람을 불러 모아 놓고,

"용의 목에 오색으로 빛나는 구슬[52]이 있다고 한다. 그 구슬을 취해 헌상하는 자에게는 소원을 들어주겠다."

하고 말씀하셨다. 그러자 가신들이

"주군의 분부는 대단히 황송한 일입니다. 하지만, 그 오색으로 빛나는 구슬은 손에 넣기조차 쉬운 일이 아닌데, 하물며 무서운 용의 목에 있는 구슬을 어떻게 취할 수 있겠습니까?"

하고 저마다 아뢰었다.

---

52 동양의 오색으로, 오방색(五方色)이라고 한다. 오행의 각 기운과 직결된 청(靑), 적(赤), 황(黃), 백(白), 흑(黑)의 음양오행설(陰陽五行說)에서 유래한 순수하고 불순물이 들어 있지 않은 다섯 가지 기본색을 말한다.

이에 대납언이 말씀하시기를,

"적어도 주군을 모시는 가신이라면 설령 목숨을 버리는 한이 있어도 분부를 완수하려고 생각해야 한다. 인도(天竺)나 당나라(唐土)에 있는 물건도 아니다. 용은 이곳 일본의 바다와 산에서 오르락내리락하는 것이다.[53] 그것을 어찌 너희들은 어려운 일이라고 말하는 것이냐?"

이에 가신들이

"그처럼 말씀하신다면 분부에 따르겠습니다. 아무리 어려운 일이라 해도 주군의 명령에 따라 용의 목에 있는 구슬을 취하러 가겠습니다."

하고 말씀드리자, 대납언은 눈을 크게 뜨고 위엄을 갖추고는

"너희들은 오오토모의 가신으로 세상에 널리 알려져 있다. 그 주군의 명령을 어찌 거역할 수 있겠느냐?"

하고 말씀하시며, 용의 목에 있는 구슬을 취해 오도록 출발시키셨다. 길을 떠나는 가신들의 여행길 식량 비용으로 저택 안의 비단, 면, 돈 등을 있는 대로 꺼내 보태주셨다.[54]

대납언은

---

53 용은 산이나 바다에 머물며, 스스로 비나 폭풍우를 일으키는 힘이 있어 기우(祈雨)의 신으로 여겨졌다.

54 당시에는 화폐가 적어 지방에서는 비단, 면 등으로 물물교환이 이루어졌고, 도시와 도시 가까운 곳에서는 돈이 유통되었다.

"나는 너희들이 돌아올 때까지 근신하고 정진하며[55] 집에서 기다리고 있겠다. 구슬을 손에 넣지 못하면 집으로 돌아오지 마라."

하고 말씀하셨다. 가신들은 각자 명령을 받고 물러갔다. 그러나 실제로 가신들은

"주군이 '용의 목에 있는 구슬을 손에 넣지 못하면 집으로 돌아오지 말라'고 말씀하셨으니, 어디든 발길이 향하는 곳으로 가자."

라든가 또는

"참으로 별난 일을 다 시키시는구나."

하고 말하며 대납언을 제각기 비난했다. 그러고는 대납언이 준 물건을 나누어 가졌다. 그리고 어떤 자는 자기 집에 틀어박히고, 어떤 자는 자신이 가고 싶은 곳으로 갔다. 가신들은

"아무리 부모나 주군이라고 해도 이런 터무니없는 일을 명하시면……."

하고 말하며 납득이 가지 않는다는 듯 서로 대납언을 비난했다.

한편, 대납언은

"가구야 히메를 아내로 맞이하기 위해서는 평범한 모습으로는 안 되겠지."

55 정진(精進, しょうじん): ①힘써 나아감 ②몸을 깨끗이 하고 마음을 가다듬음 ③육식을 삼가고 채식함. 고대의 여행은 매우 위험한 일이었으므로 집에 남은 사람이 여행자를 위해 목욕재계하고 안전을 비는 풍습이 있었다.

하고 말씀하시며, 반듯하고 멋진 집을 지으셔서 벽에 옻칠을 하고 그 위에 마키에(蒔絵)[56]를 입히시고, 각 용마루에는 실을 형형색색으로 물들여 얹게 하셨다. 각 방의 장식으로는 뭐라 표현할 수 없을 정도로 화려한 능직물[57]에 그림을 그려 기둥 사이사이에 걸었다. 부인들은 대납언이 계획한 대로 히메와 결혼할 것으로 예상하여 제각각 혼자서 생활한다.

용의 구슬을 취하기 위해 파견된 가신들은 대납언이 밤낮으로 기다리는데도 이듬해가 될 때까지 아무런 소식도 전해 오지 않았다. 대납언은 기다리다 못해 아주 은밀하게 단 두 명의 도네리(舎人)[58]만을 수행원으로 하고, 잠행 차림으로 나니와(難波)[59] 근처로 납시어 그곳 사람에게

"오오토모 대납언님의 가신들이 바다로 나가 용을 죽이고 그 목에 있는 구슬을 취했다는 말을 듣지 못했는가?"

하고 종자(従者)[60]에게 묻게 했다. 그러자 뱃사람은

---

56 마키에(蒔絵, まきえ): 칠공예의 하나. 옻칠을 한 위에 금이나 은가루, 또는 색의 가루를 뿌려 기물의 표면에 무늬를 넣는 일본 특유의 공예.

57 능직물(綾織物, あやおりもの): 직물의 기본 조직의 하나. 날실과 씨실을 둘이나 그 이상으로 건너뛰어 가며 무늬가 비스듬한 방향으로 도드라지게 짠 물건.

58 도네리(舎人, とねり): ① 나라(奈良) · 헤이안(平安)시대에 천황 · 황족 등을 가까이에서 모시며 시중들던 소임, 또는 그 사람. ② 옛날, 귀인의 우마(牛馬)를 다루던 소임, 또는 그 사람.

59 나니와(難波, なにわ): 오사카(大阪)시와 그 부근의 옛 이름.

60 종자(従者, じゅうしゃ): 귀족을 따라다니며 시중드는 사람. 수행원.

“이상한 말을 다 듣겠군요.”

하고 웃으며,

“그런 일을 하는 배는 없습니다.”

하고 대답했다. 그 말을 들은 대납언은

‘쓸데없는 말을 하는 뱃사람이네. 내가 무관으로 유명한 오오토모 대납언이라는 사실도 모르고 저런 바보 같은 말을 하는군.’

하고 생각하시며,

“내 활로 말할 것 같으면 용이 있으면 가볍게 쏴 죽이고 목의 구슬을 틀림없이 취할 수 있을 것이다. 우물쭈물하며 늦게 오는 놈들 따위 기다리지 않겠다.”

말씀하신 후, 배를 다고 이리지리 바다를 도는 사이에 너무 밀리 떨어져 나와, 규슈(筑紫) 쪽 바다까지 와 버렸다.

그런데 어찌 된 일인지 갑자기 강풍이 불고, 주변 일대가 캄캄해져 배가 이리저리 까불린다. 어느 방향에서 부는지도 모르게 바람이 휘몰아쳐 금방이라도 배가 바닷속으로 가라앉을 것 같고, 파도가 계속해서 덮쳐 와 배를 바닷속으로 휘감고 들어갈 기세다. 번개는 당장에라도 배 위로 떨어질 것처럼 번쩍번쩍 빛을 던지고 있다.

이 같은 상황에 대납언은 매우 당황하여

“지금까지 이처럼 힘든 처지에 놓인 일이 없다. 도대체 어떻게 되려고 이러는가."

하고 말씀하셨다. 이에 뱃사공이

"이곳저곳 수없이 배를 타고 돌아다녔지만, 지금처럼 어려움을 겪은 일은 없습니다. 배가 바다 밑으로 가라앉지 않으면 분명 벼락이 떨어질 것입니다. 만일 천행으로 신의 도움이 있다면 틀림없이 남해로 불려 가겠지요. 세상 물정 모르는 대납언님의 시중을 들다가 어이없는 죽음을 맞이하게 생겼습니다."

하고 한탄하며 운다. 그 말을 들은 대납언은 구토를 하며,

"배에 오른 후에는 뱃사공의 말만 중히 여겨 신뢰하는 법인데, 어찌 이처럼 미덥지 못한 말을 하는가?"

하고 말씀하셨다. 이에 뱃사공이

"저는 신이 아닌데, 도대체 제가 무엇을 해 드릴 수 있겠습니까? 바람이 불어 파도가 거친 데다가 번개까지 머리 위로 떨어질 것 같은 무서운 상황을 만난 것은 대납언님이 용을 죽이려고 찾으시기 때문입니다. 질풍(疾風)도 용이 불게 하는 것입니다. 그러니 어서 신에게 용서를 비세요."

하고 말하자 대납언은

"그거 좋은 생각이다."

하고 말하며,

"뱃사공이 받드는 신이시여, 들어주십시오. 저는 제대로 알지도 못하

고 어리석게 용을 죽이려고 했습니다. 앞으로는 결코 용의 털끝 하나도 건드리지 않겠습니다."
하고 큰 소리로 맹세하고, 서서는 기도하고 앉아서는 빌며, 그렇게 울며불며 신에게 계속해서 천 번 정도 기도를 올려서일까, 점차 천둥소리가 잦아들었다. 그러나 아직 번개는 간간이 번뜩이고 바람은 여전히 강하게 분다.

이를 본 뱃사공이

"이것은 과연 용의 소행이었습니다. 지금 불고 있는 바람은 순풍으로 좋은 방향으로 불고 있습니다. 상황이 나쁜 바람은 아닙니다. 원하는 쪽을 향해 불고 있습니다."
하고 외쳤다. 그러나 대납언은 뱃사공의 말이 귀에 들어오지 않았다.

사나흘 동안 순풍이 불어 배를 되돌려 어느 해안에 닿게 했다. 해안을 둘러보니 그곳은 하리마(播磨)의 아카시(明石)[61] 해변이었다. 대납언은 그것도 모르고,

'그 남쪽 해변으로 떠밀려 온 것인가.'
하는 생각이 들어 한숨을 쉬며 얼굴도 들지 못하고 누워 계셨다. 배에

61 하리마(播磨, はりま): 반슈(播州)의 옛 지명으로, 현재의 효고(兵庫)현 남부. 아카시(明石, あかし)는 효고(兵庫)현 남부의 도시.

함께 타고 있던 수행원들이 국부(国府)[62]에 이 일을 알리고 구조를 요청하여 국수(国守)[63]가 문안을 왔다. 그런데도 대납언은 일어나지도 못하고 여전히 배 바닥에 누워 계셨다. 이런 대납언을 아카시 해안에 돗자리를 깔고 배에서 내려 드렸다. 그때가 되어서야 비로소

'남해가 아니었군.'

하고 알아차리고 겨우 일어나셨다. 그런데 마치 중한 풍병(風病)에 걸린 사람처럼 배는 심하게 불러있고, 좌우의 눈은 자두를 붙인 것처럼 부어 있었다. 이 모습을 보고 하리마 국수도 실소를 지었다.

대납언이 국부의 관리에게 분부하여 가마를 만들게 하시고, 가마에 실려 앓는 소리를 내며 교토의 집으로 돌아오셨다. 그런데 그 소식을 어떻게 들은 것일까, 용의 목에 있다는 구슬을 취하기 위해 떠났던 가신들이 돌아와

"용의 구슬을 취하지 못해 저택으로 돌아올 수 없었습니다. 지금은 주인님도 용의 목에 있는 구슬을 손에 넣는 일이 매우 어렵다는 사실을 아신 것 같아, 더 이상 책망은 없을 것으로 생각하여 돌아왔습니다."

하고 말씀드렸다. 대납언이 일어나 앉아

---

62 국부(国府, こくふ): 고대에 각 지방에 두었던 행정 관청 또는 소재지.

63 국수(国守, こくしゅ): 각 지방에 주재하며 일반 행정 사무를 맡아보던 고급 공무원. 여기서는 지금의 현지사(県知事)에 해당한다.

"너희들이 용의 구슬을 취해 오지 않은 것은 참으로 잘한 일이다. 용은 번개와 같은 것이다. 그 무서운 용의 구슬을 취하려다가 많은 사람이 죽을 뻔했다. 하물며 용을 잡았다면 분명히 나는 영문도 모르고 죽임을 당했겠지. 잡지 않은 것은 참으로 잘한 일이다. 그 가구야 히메라고 하는 아주 나쁜 계집이 나를 죽이려고 한 것이다. 이제는 그 계집의 집 근처도 지나지 않을 것이다. 너희도 그 집 주변을 어슬렁거려서는 안 될 것이다."
말씀하시고, 집에 조금 남아있던 물건들도 용의 구슬을 취하지 않은 엉뚱한 공로자들에게 나눠 주었다.

이 이야기를 듣고 헤어져 지내시던 부인은 배가 찢어질 정도로 폭소를 터뜨렸다. 다양한 색으로 물들인 실을 엮어 만든 지붕은 솔개와 까마귀가 둥지를 만들기 위해 죄다 물고 가 버렸다.

세상 사람들이 이 소식을 듣고,

"오오토모 대납언님은 정말로 용의 목에 있는 구슬을 취해 오신 것인가."

"아니, 그렇지 않아. 구슬은 구슬인데 좌우의 눈에 자두 같은 구슬 두 개를 붙여 오셨다더라."
하고 말하자,

"아아, 그런 자두라면 먹을 수 없지."
하고 누군가 말한 사실로부터, 애써 수고를 해도 전혀 수지에 맞지 않는 일을

"아나 다에가타(아, 참기 힘들어)."

라고 말하기 시작한 것이다.

제8장.

중납언 이소노가미와 제비의 안산 조개

중납언 이소노가미노 마로타리가 자기 집에서 부리는 남자들이 있는 곳으로 가서

"제비가 둥지를 틀면 알려라."

하고 말씀하시자 남자들이

"무엇에 사용하시려는 겁니까?"

하고 물었다. 이에 중납언이

"제비가 가지고 있는 안산 조개를 취하기 위해서다."

하고 말씀하셨다. 이에 남자들이

"제비를 잔뜩 죽여 본다 한들 배에는 아무것도 들어있지 않습니다. 그런데 알을 낳을 때는 어떤 식으로 안산 조개를 내보이는 걸까요? 배를 힘껏 밀어 내보이는 것이 아닌가 하고 사람들은 이야기합니다. 하지만 사람이 조금이라도 볼라치면 금방 사라져 버리고 맙니다."

하고 말씀드렸다. 또 어떤 자는

"제비는 오오이즈카사(大炊寮)[64]의 밥 짓는 건물의 용마루에 있는 속주(束柱)[65] 사이사이의 구멍에 둥지를 틉니다. 그곳으로 직무에 충실한 남자들을 데리고 가셔서 발판을 짜 올려 둥지 안을 살펴보게 하시면, 그 많은 둥지 중에는 분명히 알을 낳는 제비가 있을 것입니다. 그때를 노려 제비의 안산 조개를 취하는 것이 좋을 것으로 생각합니다."
하고 아뢰었다. 중납언은 기뻐하시며,

"그거 좋은 생각이구나. 그런 사실은 전혀 모르고 있었다. 참으로 흥미로운 사실을 알려주었다."
그렇게 말씀하시며, 성실한 남자 스무 명 정도를 보내어 발판을 짜고 그 위에 올라가게 하셨다. 중납언은 심부름꾼을 수시로 보내

"안산 조개는 취했느냐?"
물으셨다.

제비는 사람들이 올라와 있는 것을 꺼려 둥지 근처에도 다가오지 않았다. 이 같은 사정을 말씀드리자 들으시고는

"어찌하면 좋겠는가."
하고 어찌할 바를 몰라 이리저리 궁리하고 있는데, 오오이즈카사의 관

64 오오이즈카사(大炊寮, おおいづかさ): 율령제에서 궁내성에 속한 기관의 하나. 여러 지방의 쌀과 잡곡을 수납하고 또 그것을 모든 관청에 분리하는 일 등을 담당하는 관청.

65 속주(束柱, つかばしら): 굵은 기둥 주변에 다수의 가늘고 둥근 기둥을 부착시킨 겉 기둥.

리인 구라쓰 마로라고 하는 노인이

"안산 조개를 얻고 싶으신 것이라면 좋은 방법을 알려드리지요."

하고 말하며 중납언 앞으로 나아오자, 중납언은 노인과 이마를 가까이 하고 대면하셨다.

구라쓰 마로는

"이것은 제비의 안산 조개를 취하는 방법으로 좋지 않습니다. 이렇게 해서는 안 됩니다. 야단스럽게 발판 위에 스무 명이나 되는 사람이 올라가 있으면 제비가 놀라서 둥지로 다가오지 않습니다. 우선 하셔야 할 것은 이 발판을 없애고 사람들을 모두 돌려보내는 일입니다. 그다음 믿을 만한 남자 한 사람을 헐겁게 짠 바구니에 태우고, 밧줄로 연결하여 제비가 알을 낳으려고 하는 순간에 밧줄을 잡아당겨 바구니를 끌어 올려서 잽싸게 안산 조개를 취하게 하는 것입니다."

하고 말씀드렸다. 중납언은

"그거 대단히 좋은 방법이다!"

하고 말씀하시며, 발판을 치우게 하시고 사람들을 모두 집으로 돌려보냈다.

중납언이 구라쓰 마로에게

"제비라는 놈이 언제 알을 낳을 거라고 예상하여 바구니를 끌어 올리면 되겠는가?"

하고 물으셨다. 이에 구라쓰 마로가

“제비라고 하는 놈은 알을 낳으려고 할 때, 꼬리를 높이 치켜들고 일곱 번 돌고 나서 낳는 것 같습니다. 그러니까 일곱 바퀴째에 바구니를 끌어 올려 안산 조개를 취하게 하시는 것이 좋겠지요.”
하고 아뢰었다.

중납언은 기뻐하시며, 다른 누구에게도 알리지 않으시고 남몰래 오오이즈카사(大炊寮)에 가셔서 가신들 사이에 섞여 밤낮으로 제비를 지켜보셨다. 구라쓰 마로가 이같이 알려준 것을 무척 기뻐하시며,

“우리 집에서 일하는 사람도 아닌데 소원을 성취할 수 있도록 방법을 알려줘서 참으로 고맙네.”
말씀하시며, 자신이 입고 있던 의복을 벗어 주셨다. 그리고,

“밤이 되면 이곳으로 오게.”
말씀하시고 집으로 돌려보내셨다.

해가 저물어 중납언이 여느 때처럼 오오이즈카사에 가서 보시자 정말로 제비가 둥지 안에 들어와 있었다. 구라쓰 마로가 말한 대로 제비가 꼬리를 들고 돌고 있는 것을 본 중납언은 바구니에 사람을 태워 끌어 올리게 하고, 제비의 둥지에 손을 넣어 찾게 하셨다. 그러나 올라간 자가

“아무것도 없습니다.”
하고 고하자, 중납언은

“찾는 법이 서툴러서 없는 것이다.”

하고 역정을 냈다. 그리고는

“누가 제대로 찾을 수 있을지 떠오르지 않으니…….”

하고 고민하시다가

“내가 올라가서 찾아보겠다.”

하시고는 바구니를 타고 직접 위로 올라가셨다. 중납언이 둥지 안을 살펴보시자, 제비가 꼬리를 치켜올리고 계속 빙빙 돌고 있는 터라 때를 맞춰 신속하게 손을 넣으시니 납작한 것이 손에 닿았다.

“뭔가 잡혔다. 어서 내려주게. 노인이여 해냈네.”

하고 말씀하셨다. 그런데 가신들이 모여들어 급하게 중납언을 내려 드리려고 밧줄을 너무 세게 잡아당긴 나머지, 밧줄이 끊어지며 그와 동시에 중납언은 얼굴을 위로 향한 채 부뚜막 위로 떨어지셨다.

사람들은 기겁하며 곁으로 다가가 안아 일으켜 드렸다. 중납언은 눈이 뒤집혀 흰자위만 보인 채로 누워 계시다가 물을 떠 입에 넣어 드리자 겨우 숨이 돌아오셨다. 이를 본 사람들은 부뚜막 위에서 손과 발을 들어 올려 아래로 내려 드렸다.

“정신이 드십니까?”

하고 묻자, 괴로운 듯 숨을 내쉬며

“지금 상황은 조금 이해가 되는데, 아무래도 허리가 움직이지 않는구나. 그래도 안산 조개를 손에 넣었으니 기쁘다. 아무튼 횃불을 가져와 보거라, 이 귀한 조개가 어떻게 생겼는지 보자.”

하고 말하며 머리를 치켜들고 손을 펼쳐보니, 이게 웬걸, 제비가 싸놓은 똥을 쥐고 계신 것이 아닌가. 중납언은 그것을 보시고,

"아아, 조개가 없다."

라고 말씀하신 일로부터 세상에서는 기대에 반하는 일을 '가이 나시(보람이 없다)[66]'라고 말하게 되었다고 한다.

안산 조개가 아닌 것을 깨닫자, 중납언은 낙심하여 갑자기 기운이 쑥 빠져버렸다. 게다가 가마 대신 준비한 궤짝의 뚜껑 위에도 눕지 못할 정도로 허리가 심하게 부러졌다.

중납언은 아이들 장난과 다를 바 없는 일을 벌여 병상에 누운 사실이 사람들 귀에 들어가지 않게 하려고 애썼지만, 오히려 그런 마음고생이 병의 원인이 되어 몸은 완전히 쇠약해지셨다. 날이 가면 갈수록 안산 조개를 취하지 못한 일보다 사람들이 소문을 듣고 자신을 비웃을 것을 더 신경 쓰셨다. 별것 아닌 병으로 죽는 것보다 세상의 소문을 부끄럽게 생각하시는 것이었다.

이 사실을 가구야 히메가 듣고 위문으로 보낸 편지에

---

66 이소노가미가 안산 조개를 기대하며 손을 펼쳤으나 조개는 없었다. 그는 허리가 부러지면서까지 조개를 얻으려 했지만 헛수고였다. 즉, 고생한 보람이 없던 것이다. 조개(貝, かい)가 손안에 없던 것과 보람(甲斐, かい)이 없었음을 동음이의어를 사용하여 표현한 언어유희이다.

오랜 세월을 파도가 오지 않는 스미노에(住の江)의
솔(松) 같다고 하는데 그 말이 맞습니까[67]
年をへて 波立寄らぬ 住の江の
松かひなしと 聞くはまことか

이렇게 쓰여 있는 것을 시중드는 사람이 읽어드렸다. 그러자 마음은 심히 쇠약해져 있었지만, 중납언은 머리를 들고 시종에게 종이를 잡게 하여 고통 중에 겨우 답장을 썼다.

조개는 없고 이리 끝나버린 게 한탄스럽소
죽어가는 목숨을 구해주지 않겠소[68]
かひはなく ありけるものを わび果てて
死ぬる命を すくひやはせぬ

글을 다 쓰자마자 중납언은 숨을 거두셨다. 이 사실을 듣고 가구야

---

67 〈요즘은 오랫동안 저의 집에 들르지 않으시는군요. 파도가 밀려오지 않는 스미노에의 소나무처럼 기다리고 있어도 그 보람이 없을 거라고 합니다만, 사실입니까?〉 스미노에(住之江, すみのえ): 오사카시의 남서부에 자리한 지방이며, 소나무로 유명하다.

68 〈조개가 없어서 실망했습니다만, 히메로부터 위로의 노래를 받으니, 약간의 보람은 있었다고 생각합니다. 어차피 동정해 주실 거라면, 상사병으로 죽어가는 저의 목숨을 구해주시지 않겠습니까?〉

히메는 조금 불쌍하게 생각하셨다.

그 후로부터, 조금 기쁜 일을 '가이 아루(보람이 있다)[69]'라고 말하게 되었다고 한다.

69 안산 조개를 구하지는 못했지만, 히메의 동정을 얻었기 때문에 보람이 있었다는 의미로, '보람이 없다(가이 나시)'와 반대 의미로 쓰이고 있다.

제9장.

임금님[70]의 구혼

어느 날, 임금님께서 가구야 히메의 얼굴이 세상에 비길 데 없이 아름답다는 소문을 들으시고, 내시[71] 나카토미노 후사코(中臣のふさ子)에게 분부하셨다.

"많은 사람의 몸을 고달프게 한 후에도 여전히 결혼하지 않고 있다는 가구야 히메가 어떤 여자인지 직접 가서 보고 오너라."

명을 받고 궁을 나선 후사코는 노인의 집에 도착했다.

다케토리 노인의 집에서는 노파가 황송해하며 집안으로 안내했다. 후사코가 노파에게

"임금님께서 가구야 히메의 용모가 매우 아름답다는 말을 들으시고,

70 작품에서는 천황에 대해 '미카도(帝 또는 御門, みかど)'라는 호칭을 사용하고 있어, 한국어 번역에서도 거기에 걸맞은 '임금님'을 사용했다.

71 내시(内侍, ないし): 보통 궁중에서 시중드는 사람을 가리키는데, 작품 속 내시는 천황 가까이에서 시중을 들던 여관(女官)을 가리킨다.

속히 가서 보고 오라 명하셔서 방문하게 되었습니다."

하고 말하자, 노파는

"그럼, 그 뜻을 히메에게 전하지요."

하고 말하며 안쪽으로 들어갔다.

그리고 가구야 히메에게

"어서 임금님의 사자를 만나보세요."

하고 말하자 히메가 대답했다.

"그다지 아름다운 외모도 아닌데, 어찌 사자를 뵐 수 있겠습니까?"

그러자,

"당치도 않은 말씀은 하지도 마세요. 임금님의 사자를 어찌 소홀히 대할 수 있겠습니까?"

하고 종용하자 히메는

"설령 임금님께서 저를 후궁으로 삼으시려고 몇 번을 부르신다 해도 아쉽게 생각하지 않습니다."

하고 말하며 좀처럼 만나려 하지 않았다. 평소에는 자신이 낳은 친자식 같았지만, 이번만은 완전히 주눅이 들 정도로 태도가 쌀쌀맞아, 노파의 마음대로 되지 않았다.

노파는 내시가 있는 곳으로 돌아와,

"유감스럽게도 이 미숙한 딸은 고집스러운 면이 있어서 아무리 이야기해도 뵈려 하지 않습니다."

하고 말씀드렸다. 그러자 내시가

"임금님께서 반드시 보고 오라고 말씀하셨는데, 만나지 않고 어떻게 궁궐로 돌아갈 수 있겠습니까? 국왕의 명령을 이 나라에 사는 사람이 어찌 받들지 않고 있을 수 있겠습니까? 이치에 맞지 않는 행동은 하지 마세요."

하고, 노파가 부끄럽게 느낄 만큼 내시가 강한 어조로 말하는 것을 들은 히메는 오히려 더 승복하려 하지 않았다.

"왕의 명령을 거역하는 것이라고 말씀하신다면 어서 저를 죽여 주세요."

하고 말했다.

내시는 궁중으로 돌아와 자초지종을 고했다. 임금님은 이야기를 들으시고,

"그것이 바로 많은 사람의 몸과 마음을 고달프게 한 비정한 마음이로구나."

말씀하시고, 가구야 히메를 입궁시키려는 생각을 접으려 했지만, 역시 단념하지 못하시고, 여자의 전략에 물러날 수는 없다고 생각하시며 노인을 궁궐로 부르셔서 말씀하셨다.

"자네가 딸로 곁에 두고 있는 가구야 히메를 내어주게. 외모가 출중하다고 들어 친히 사람을 보냈건만, 그 보람도 없이 대면도 하지 않았다고 들었다. 이런 무례한 일을 그냥 지나칠 수야 없지."

하고 말씀하셨다. 노인은 황송하여

“그 철부지 딸은 절대 입궁하려고 하지 않아 어찌해야 할지 참으로 난감할 따름입니다. 그렇지만 집으로 돌아가 임금님의 말씀을 다시 전하겠습니다.”

하고 아뢰었다. 이것을 듣고 임금님은

“자네가 직접 기른 아이라면서 어찌 생각한 대로 되지 않는다는 것인가. 만약 그 아이를 궁중으로 들여보내 준다면 자네에게 관직을 내리겠네.”

하고 말씀하셨다. 노인은 기뻐하며 집으로 돌아와 전심으로 가구야 히메를 설득했다.

“이처럼 임금님께서 말씀하셨습니다. 그런데도 받들지 않을 것입니까?”

하고 말하자, 히메는 더 강경해졌다.

“그런 후궁 생활은 절대 하지 않을 생각인데, 억지로 후궁 생활을 하게 하신다면 사라져 버리겠습니다. 당신에게 관직을 받게 하고 저는 죽을 뿐입니다.”

이에 노인은

“임금님이 하사하신 관직도 히메를 볼 수 없다면 아무 소용이 없습니다. 그건 그렇다 치고 어째서 입궁을 거부하는 것입니까? 죽을 만큼 싫은 이유가 대체 무엇입니까?”

하고 묻자, 가구야 히메가 대답했다.

“제가 드린 말씀이 거짓이라 생각하신다면 저를 입궁시켜서 죽는지 죽지 않는지 시험해 보세요. 많은 귀공자의 애정 어린 구혼을 전부 외면해 버렸는데, 지금에 와서 임금님의 말씀에 따르는 것은 세상 사람들 보기에도 부끄러운 일입니다."

이에 노인은

"세상이 뭐라 하든 히메의 목숨이 저에게는 가장 소중하니 역시 시중 들지 않겠다는 사실을 입궐해서 말씀드리겠습니다."

하고 말하며 노인은 입궐하여

"말씀이 황송하여 그 아이를 바치고자 하였으나, 후궁으로 들여보낸다면 죽어 버리겠다고 합니다. 무엇보다 이 미야쓰코 마로(造麻呂)가 낳은 아이도 아닙니다. 옛날, 산에서 발견한 아이입니다. 그러한 연유로 천성도 보통 사람과는 다릅니다."

하고 아뢰었다.

임금님께서 노인에게

"미야쓰코 마로, 자네의 집은 산기슭 부근이라고 했는가? 매사냥[72]을 하는 척하고 히메를 보려고 한다."

하고 말씀하셨다. 이에 미야쓰코 마로가

"그것은 참으로 좋은 방법입니다, 히메가 생각에 잠겨 있을 때 불시에 행차하신다면 분명히 보실 수 있을 것입니다."

---

72 백제에서 도래한 것으로, 나라, 헤이안 시대에 매우 활발했으며, 황족과 귀족의 유희 중 하나였다.

하고 아뢰자, 임금님은 서둘러 날을 정하고 매사냥에 나섰다. 그리고 히메의 집에 도착하여 은밀히 들어가서 보시니, 주변 일대를 환하게 비추며 화려한 자태로 앉아 있는 사람이 있었다.

'소문으로 듣던 가구야 히메가 바로 이것이구나.'

생각하시며 가까이 다가가시자, 히메는 알아차리고 안쪽으로 도망쳐 들어가려고 했다. 그때 임금님이 소매를 붙잡으시니 히메는 다른 한쪽 소매로 얼굴을 가렸다. 그러나 그 사이로 모습을 꼼꼼히 살펴보시니 세상의 무엇과도 비교할 수 없을 정도로 아름다웠다. 그래서 임금님은

"절대로 놓아주지 않겠다."

말씀하시며 데리고 가려고 하시자 가구야 히메가 아뢰었다.

"제가 이 땅에서 태어났다면 임금님의 뜻대로 시중들게 하실 수 있겠지만, 그렇지 않기 때문에 저를 데리고 가시는 것은 어려운 일입니다."

하고 말씀드렸다. 이에 임금님은

"어찌 그런 일이 있겠느냐. 역시 어떻게 해서든 데리고 가야겠다."

말씀하시며 가마를 저택 가까이 대게 하시자, 가구야 히메는 갑자기 그림자처럼 사라져 버렸다. 그것을 본 임금님은

'아아, 노력도 허사. 지극히 유감이로다.'

'역시 보통 사람이 아니었구나.'

생각하시며,

"그렇다면 데리고 가지 않겠다, 그러니 원래대로 돌아오너라. 최소한

그 모습만이라도 한 번 더 보고 돌아가고 싶구나."

말씀하시므로 가구야 히메는 원래 모습으로 돌아왔다. 임금님은 계획한 대로 되지는 않았지만, 과연 히메가 아름답다고 생각하시는 마음은 멈추려 해도 멈출 수 없었다. 임금님은 히메를 만나게 해 준 노인에게 고마워하셨다.

한편, 노인은 임금님을 수행한 여러 관인을 위해 성대한 연회를 베풀었다.

임금님은 가구야 히메를 남겨 두고 가는 것이 마음에 남아 유감이라고 생각하시며, 넋이 나간 사람처럼 망연한 상태로 돌아가셨다. 임금님은 가마에 타신 후 가구야 히메에게 와카를 읊어 전하셨다.

> 돌아가는 길 허탈하고 힘들게 생각이 되어
> 자꾸 돌아보는 건 가구야 그대의 탓[73]
> 帰るさの みゆき物憂く おもほえて
> そむきてとまる かぐや姫ゆゑ

이에 대한 가구야 히메의 답가

> 넝쿨 우거진 천한 곳에서 해를 보내온 제가

---

73 〈궁으로 돌아가는 길이 애달프게 생각되어 자꾸 뒤를 돌아보며 가마를 멈추는 것은, 내 뜻대로 되지 않는 가구야 히메의 탓이니〉

이제 와서 옥루에 산들 무엇하리오[74]
むぐらはふ 下にも年は経ぬる身の
なにかは玉の うてなをも見む

이 와카를 임금님이 보시고 노래에 매료되어 더더욱 돌아갈 곳을 잃은 것 같은 기분이 들었다. 마음속으로는 도저히 환궁할 수 없을 것 같은 생각이 들었지만, 그렇다고 해서 이대로 밤을 지새울 수도 없기에 궁으로 돌아가셨다.

임금님은 환궁하신 후 평소 가까이에서 시중드는 궁중의 여성들을 둘러보시지만, 누구 하나 가구야 히메의 근처조차 따라올 만한 사람이 없었다. 지금까지는 보통 사람보다 아름답다고 생각되던 여성도 가구야 히메와 견주어 보면 도무지 상대가 되지 않았다. 이런 형편이라 자연히 가구야 히메의 모습만 마음에 가득 차 그저 혼자 지내셨다. 왕후나 후궁들의 처소에도 들르지 않으시니 어찌할 도리가 없었다. 오직 가구야 히메 앞으로만 편지를 써 보내셨다. 히메는 임금님의 말씀에는 응하지 않았지만, 역시 답장은 정성을 담아 써 올렸다. 임금님도 또한 정취 그윽하게 계절에 맞는 나무와 풀을 주제로 와카를 읊어 보내셨다.

---

74 〈넝쿨 우거진 미천한 집에 묻혀 지낸 지 여러 해, 지금에 와서 화려한 옥루의 궁전을 보며 지내고 싶을 리 없지요.〉

제10장.

가구야 히메의 승천

이렇게 서로의 마음을 위로하며 지낸 지 3년 정도 지난 초봄 무렵, 가구야 히메는 아름답게 뜬 달을 바라보며, 여느 때와 달리 깊은 시름에 잠겨 있는 모습이다.

히메의 곁에 있는 사람이

"달을 보는 것은 불길한 일[75]입니다."

라고 말렸지만, 가까이에 사람이 없으면 달을 보고 심히 우시는 것이었다.

7월 15일 달밤, 가구야 히메는 툇마루에 나와 앉아 깊은 시름에 잠겨 있었다. 히메의 곁 가까이에서 시중드는 하인들이

"가구야 히메가 이전부터도 달을 절절한 모습으로 바라보고 계셨습니다만, 요즘 들어서는 예삿일이 아닐 정도입니다. 뭔가 굉장히 슬픈 일이

75 예로부터 달은 지나치게 맑아, 달을 직접 바라보면 쉬이 늙는다 해서 달을 감상하는 행위를 꺼리는 풍습이 있었다.

있는 게 틀림없습니다. 주의를 기울여 잘 살펴보셔야 할 것 같습니다."

하고 고하자, 노인이 히메에게

"무슨 생각이 들어서 이렇게 근심에 잠긴 모습으로 달을 보고 계신 것입니까? 무엇 하나 부족한 것 없는 좋은 세상인데……."

하고 말하자, 가구야 히메는

"달을 보면 왠지 세상이 허무하게 느껴지고 나도 모르게 슬퍼집니다. 어찌 다른 근심이 있겠습니까?"

하고 대답했다.

그 후에도 노인이 히메가 있는 방으로 가서 보면 역시 시름에 잠겨 있는 모습이었다. 노인이 이것을 보고,

"나의 소중한 딸이여. 도대체 무엇 때문에 고민하는 것입니까? 생각하고 있는 것이 무엇입니까?"

하고 묻자, 히메가

"고민되는 일은 아무것도 없습니다. 그저 마음이 허전해질 뿐입니다."

하고 말하자 노인은

"그러면 달을 보지 마세요. 달을 보시면 아무래도 시름에 잠기는 것 같으니."

하고 말하자 히메는

"어떻게 달을 보지 않을 수 있겠습니까?"

하고 말하며, 역시 달이 뜨면 툇마루에 나와 앉아 근심에 잠겨 있다.

달이 뜨지 않은 날에는 고민하지 않는 것 같지만, 달이 뜨는 시기에는 여전히 시시때때로 시름에 빠져 있었다. 이것을 보고 하인들은

"역시 괴로운 고민이 있는 것이 분명해."

하고 소곤거렸지만, 부모를 비롯하여 그 누구도 이유를 알 길이 없었다.

8월 15일이 가까운 달밤, 가구야 히메는 툇마루에 나와 앉아 더없이 서글프게 우셨다. 이제는 다른 사람의 시선도 신경 쓰지 않고 우신다. 이것을 본 노부부도

"도대체 무슨 일입니까?"

하고 물으며 어쩔 줄 몰라 한다. 가구야 히메는

"전부터 말씀드리려고 했지만, 말씀드리면 틀림없이 심란해하실 것 같아 지금까지 아무 말도 못 하고 지냈습니다. 하지만 인제까지 감추고만 있을 수 없는 일이기에 이렇게 말씀을 드립니다. 저는 이 인간세계의 사람이 아닙니다. 달세계의 사람입니다. 전세(前世)의 숙명으로 이 인간 세상에 내려온 것입니다. 하지만 이제 돌아가야 할 시기가 되어 오는 8월 15일에 저 달나라에서 저를 데리러 사람들이 올 것입니다. 어쩔 수 없이 돌아가야 하기에, 두 분께서 한탄하실 것이 슬퍼 봄부터 탄식하고 있던 것입니다."

하고 말하며 심히 우셨다. 이것을 보고 노인이

"대체 무슨 말씀을 하시는 겁니까? 대나무 속에서 발견했을 때는 유채씨만 하던 것을, 내 키와 비슷할 정도까지 키운 내 자식을 도대체 누

가 데려간다는 말씀입니까? 그런 일을 어찌 허락할 수 있겠습니까?"
하고 말하며,

"저야말로 죽어 버리고 싶습니다."

하고 울부짖는 것이 그야말로 더 이상 견딜 수 없는 듯하였다. 가구야 히메는

"저는 달나라의 사람이고, 그곳에 친부모가 있습니다. 아주 잠깐이라고 하여 저 달나라에서 내려온 것인데, 이렇게 오랜 세월을 인간 세상에서 머물게 된 것입니다.[76] 저 달나라에 있는 부모님도 잊고, 이처럼 긴 세월 머물면서 이곳 생활에 완전히 익숙해졌습니다. 부모님이 기다리는 고향으로 돌아가는 것도 그리 기쁘지 않습니다. 오히려 슬플 따름입니다. 하지만 제 뜻대로 되지 않아 이 세상을 떠날 수밖에 없는 것입니다."

하고 말하며 모두 함께 슬피 울었다. 하인들도 긴 세월 친숙해져서 히메와 헤어지는 것이 아쉽고, 히메의 고운 마음씨와 사랑스러움에 익숙해져서 이별 후의 그리움을 생각하니 견딜 수 없는 모양이었다. 그들 역시 목구멍으로 물조차 넘기지 못할 듯한 심정으로 다케토리 부부와 함께 슬픔에 잠겨 있었다.

가구야 히메가 달나라로 돌아간다는 소식을 임금님이 들으시고, 노

---

76 달나라에서의 시간은 인간 세상과 다르게 흐른다고 하는 속신이 전제된 것을 알 수 있다. 단고 지방의 선녀 이야기를 담고 있는 『단고 지방 풍토기(丹後国風土記)』에도 불로불사의 세상에서 보낸 3년이 지상에서의 3백 년과 같다고 쓰여 있다.

인의 집으로 신하를 보내셨다. 신하를 앞에 두고 노인은 한없이 운다. 이 일로 실의에 빠진 노인은 백발이 되어 허리도 굽고, 눈도 눈물로 짓물러 버렸다. 노인은 올해 50세 정도였지만,[77] 신하의 눈에는 근심으로 인해 며칠 사이에 폭삭 늙은 것처럼 보였다. 신하가 임금님의 말씀을 노인에게 전했다.

"심히 괴롭고 근심이 크다고 들었는데 사실인가?"

노인이 울며불며

"오는 15일에 달나라에서 가구야 히메를 맞으러 사신이 온다고 합니다. 황송하게도 이렇게 방문해 주셔서 고맙습니다만, 15일에 병사를 파견하시어 달나라 사람이 내려오면 물리쳐 주시겠습니까?"

하고 간청했다.

신하는 궁중으로 돌아가 임금님에게 비탄에 빠진 노인의 상황을 고하고, 임금님은 노인이 병사의 파견을 요청했다는 이야기를 들으시고는

"그저 한번 본 것만으로도 잊기 어려운데, 아침저녁으로 늘 함께하던 가구야 히메를 멀리 떠나보내는 부모의 마음은 얼마나 아플까?"

하고 말씀하셨다.

임금님은 15일에 맞춰 각각의 기관에 명령을 내리시어, 칙사로 근위

77 앞에서 노인의 나이가 70세를 넘었다고 언급된 바 있어, 50세 정도라는 표현과 모순된다. 이것은, 근심으로 백발이 되고, 허리가 굽고, 눈이 짓물러 버렸다는 상황을 강조하기 위한 주관적 표현으로 이해된다.

소장[78]인 다카노노 오오쿠니라는 사람을 지명하고, 육위부[79]의 병사 2천 명을 노인의 저택으로 파견하셨다. 저택에 도착한 병사들은 담(築地)[80] 위에 천 명, 그리고 지붕 위에 천 명이 올라가 노인의 집에 있는 많은 하인과 더불어 빈틈없이 지켰다. 파견된 병사들은 물론 노인 집에서 시중드는 사람들도 활과 화살을 갖추고 있었다. 안채에서는 여자들에게 돌아가며 히메를 지키게 했다.[81]

노파는 흙으로 벽을 두껍게 바른 방[82] 안에서 히메를 끌어안고 있고, 노인도 그 방문에 자물쇠를 걸고 입구에서 지키고 있었다. 노인은

"이렇게 엄중히 지키고 있으니 제아무리 상대가 천인이라 해도 패할 일이 있겠는가? 아니, 절대 패하지 않겠다."

---

78 근위 소장(近衛少将, このえしょうしょう): 근위부(近衛府, このえふ) 사령관 중의 하나.

79 육위부(六衛府, ろくえふ): 헤이안 시대, 궁성과 천황의 수호를 맡은 6개 관청. 좌우로 각기 근위부(近衛府, このえふ)·병위부(兵衛府, ひょうえふ)·위문부(衛門府, えもんふ)가 있었다.

80 쓰이지(築地, ついじ): 쓰키히지(築泥, つきひじ)가 변한 말로, 기둥을 세우고 판자를 대어, 그것을 심으로 해서 양쪽에 진흙을 발라 굳힌 다음, 그 위에 기와를 얹은 담.

81 안채는 여자가 기거하는 장소이기 때문에 남성은 출입할 수 없어, 노파를 중심으로 시녀들이 돌아가며 지키는 것이다.

82 누리고메(塗籠, ぬりごめ): 건물의 중앙에 자리해 빛이 들지 않는 공간으로, 화재에도 견딜 수 있도록 두껍게 흙을 발라 광처럼 만든 방이다. 처음에는 침실로 사용되었으나, 이후 의복, 생선, 조류 등의 식재료를 보관하는 공간으로 사용되었으며, 때에 따라 시체를 안치하는 공간으로 사용되었다고 한다.

하고 말하며, 지붕 위에 있는 사람들에게

"아주 작은 것이라도 무언가 하늘에서 날아오는 것이 있으면 즉각 사살해 주세요."

하고 말했다. 이에 지키고 있는 사람이

"이 정도로 엄중히 지키고 있으니 염려 마세요. 박쥐 한 마리라도 보이면 즉시 사살하여 본보기로 밖에 내걸려고 합니다."

하고 응했다. 노인은 이 말을 듣고 믿음직스럽게 생각했다.

이런 대화를 듣고 있던 가구야 히메가 말했다.

"저를 이런 방에 가두고 싸울 태세를 갖추었다고 해도 저 달나라 사람들과는 맞설 수 없습니다. 활로도 쏘지 못할 것입니다. 저를 이렇게 흙으로 두껍게 바른 방에 가두고 자물쇠를 걸어도 저 달나라 사람들이 오면 방문은 전부 열려버릴 것입니다. 아무리 싸우려고 해도 막상 달나라 사람이 오면 용감하게 대항하려고 하는 사람도 없을 것입니다."

그러자 노인은

"히메를 데려가려고 오는 사람의 눈알을 긴 손톱으로 잡아서 터뜨려 줄 테다. 그리고 그놈의 머리카락을 잡아 아래로 떨어뜨려 줄 것이야. 그 녀석의 엉덩이를 까서 수많은 관리에게 보여 치욕을 당하게 해 줄 테다."

하고 분을 이기지 못하는 듯 이야기했다. 가구야 히메가

"큰 소리로 이야기하지 마세요. 지붕 위에 있는 사람들이 듣기라도

하면 정말 부끄러운 일입니다. 지금까지 저를 위해 쏟으신 큰 애정을 저버리고 이 세상을 떠날 수밖에 없는 사실이 야속합니다. 오래도록 이 세상에 머무는 것은 전세로부터의 숙명이 아니었기 때문에 곧 떠나야 한다고 생각하니 슬플 따름입니다. 부모님을 제대로 봉양하지 못하고 달나라로 돌아가게 되어, 가는 도중에도 마음이 편치 않을 것 같아, 요 며칠 동안 툇마루에 나와 앉아서 올해 1년 만이라도 귀환을 늦춰 달라고 요청하였습니다. 그러나, 전혀 받아들여지지 않아 이렇게 탄식하는 것입니다. 심려만 끼쳐드리고 달나라로 돌아가는 것이 슬퍼서 견딜 수가 없습니다. 저 달나라 사람들은 대단히 아름답고 늙는 일도 없습니다. 걱정거리도 없습니다. 그런 좋은 곳으로 가는데 조금도 기쁘지 않습니다. 연세 들어 쇠약해지실 부모님을 돌보아 드리지 못한 것이 헤어진 후에도 마음에 남을 것 같습니다."

하고 말하자 노인은

"가슴을 옥죄는 뼈아픈 이야기는 하지도 마세요. 아무리 훌륭한 모습을 한 달나라 사신이라고 해도 소용없습니다."

이렇게 원망하며 증오하고 있었다.

그러는 사이에 초저녁이 지나고 밤 열두 시경이 되자, 집 주변이 낮 이상으로 눈부시게 빛나기 시작하는데, 그 밝기가 보름달 열 개를 합친 것처럼 밝아서 그곳에 있는 사람들의 모공까지 보일 정도였다. 하늘에서 사람들이 구름을 타고 내려와 지면에서 5척(尺)[83]가량 올라간 공중에 쭉 늘어섰다. 이 광경을 보고 집 안팎에 있는 사람들은 무엇인가에 억눌린 듯, 맞서 싸우려는 생각도 들지 않았다. 겨우 마음을 다잡고 활에 화살을 걸고 시위를 당기려 하지만, 팔에 힘이 들어가지 않았다. 그런 사람 중에 그나마 정신을 똑바로 차리고 있는 자가 애써 활을 당겨 쏘아 보지만, 화살은 전혀 다른 방향으로 빗나가기만 하여 용감히 싸울 수도 없고, 정신은 몽롱해지고 몸은 축 늘어져 무언가에 기대어 서로의 얼굴을 바라볼 뿐이었다.

공중에 늘어서 있는 사람들이 입고 있는 의복의 훌륭함이란 그 어디에도 비길 데가 없었다. 그들 곁에는 하늘을 나는 수레 한 대가 서 있는데, 얇은 비단 천개(天蓋)[84]를 치고 있었다. 그들 중에서 수장으로 보이는 사가 집을 향해

"미야쓰코 마로,[85] 나오라!"

하고 말하자, 지금까지 호언장담하던 노인도 무언가에 취한 것처럼 몸을 숙여 엎드렸다.

"너, 어리석은 자여, 네가 작으나마 선을 행하여 생활에 도움이 될까

---

83 '척'은 길이의 단위로 '자'와 같다. 1척은 약 30cm이므로 5척은 구름이 지면으로부터 약 1m 50cm 정도 떨어져 있음을 뜻한다.

84 천개(天蓋, てんがい): 옥좌(玉座)·불상(佛像)·관(棺) 따위의 위를 가리는 닫집(닷집).

85 미야쓰코 마로(造麻呂, みやつこまろ): 노인의 본명.

해서 아주 잠깐 가구야 히메를 인간세계로 내려보낸 것이다. 오랜 세월 많은 황금을 내려 너는 마치 다시 태어난 사람처럼 풍요를 누리고 있다. 가구야 히메는 천상에서 죄를 지으셨기 때문에 이런 미천한 너의 처소로 잠시 오신 것이다. 이제 죄의 기한이 지나 지금 이렇게 맞으러 온 것인데, 너는 울며 한탄하고 있는 것이냐? 아무리 슬퍼해도 소용없다. 어서 가구야 히메를 돌려보내 드려라."

하고 수장으로 보이는 자가 말하자

"가구야 히메를 키운 지 20년 남짓 되었습니다. 아주 잠깐이라고 말씀하시니 무슨 말씀인지 이해가 되지 않습니다. 다른 곳에 당신들이 찾고 계신 또 다른 가구야 히메가 계시는 것이 아닙니까?"

하고 대답했다. 그리고 또다시 노인이

"여기에 계신 가구야 히메는 중병에 걸리셔서 밖으로 나오실 수 없습니다."

라고 하자, 천인은 답변은 하지 않고 지붕 위에 하늘을 나는 수레를 댄 후,

"가구야 히메여, 부정함이 많은 인간 세상에 어찌 이리 오래 머물려 하시는 것입니까."

하고 말했다. 그러자 히메가 들어가 있던 방의 문이 영문도 모르게 저절로 열렸다. 닫혀있던 격자[86] 등도 스스로 열렸다. 노파가 끌어안고 있던 가구야 히메는 노파의 품을 벗어나 밖으로 나갔다. 어찌해도 막을

86 격자: 가느다란 나무나 대나무를 사용해 바둑판 모양으로 짠 문. 미닫이, 창 등.

수 없어서 노파는 하늘을 바라보며 울고 있다.

노인이 마음을 추스르지 못하고 엎드려 울고 있는데 가구야 히메가 다가와서

“저도 마지못해 이렇게 하늘로 가는 것이니, 부디 승천하는 것만이라도 배웅해 주세요.”

하고 말했지만, 노인은

“이리 슬픈데 어떻게 배웅을 해 드릴 수 있겠습니까? 저는 이제 어떻게 살라고 버려두고 승천하시려는 겁니까? 저도 함께 데리고 가세요.”

하고 말하며 엎드려 울자, 가구야 히메도 마음이 산란해졌다.

“그러면 편지를 써 두고 가지요. 제가 그리울 때면 편지를 꺼내 보세요.”

하고 말하며 울면서 쓴 내용은

“이 인간 세상에 태어났다면 두 분을 슬프게 해 드리는 일 없이 언제까지나 함께했을 텐데, 그러지 못하고 이 세상을 떠나게 된 것은 아무리 생각해도 저의 원하는 바가 아닙니다. 벗어 두고 가는 옷을 오래오래 추억거리로 간직해 주세요. 달이 뜨는 밤에는 멀리 달을 바라보며 달나라에 사는 저를 떠올려 주세요. 두 분을 남겨 두고 돌아가는 도중에 떨어져 버릴 것 같은 기분이 듭니다.”

천인 중에 상자를 들고 있는 자가 있었다. 그 상자에는 천상의 날개옷이 들어 있었다. 그리고 또 하나의 상자에는 불사약(不死藥)이 든 단지

가 있었다. 한 천인이

"단지에 들어 있는 약을 드세요. 부정한 세상의 음식을 드셨으니 분명 속이 안 좋으실 것입니다."

하고 말하며 약을 가지고 옆으로 다가왔다. 가구야 히메가 조금 먹고는 이별의 추억거리로 벗어놓은 옷에 조금 싸려고 하자, 그 자리에 있던 천인이 싸지 못하게 했다. 그러고는 천상의 날개옷을 입히려고 했다. 그때 가구야 히메가

"잠깐!"

이라고 말하며

"이 옷을 입은 사람은 천인의 마음으로 바뀐다고 들었습니다. 지상 사람의 마음일 때 마지막으로 한마디 해둘 말이 있습니다."

라며 편지를 쓴다. 천인은

"시간이 없으니 빨리하세요."

하고 재촉하자, 가구야 히메는

"인정 없는 말을 하지 마세요."

하고 말하며 담담하게 임금님께 편지를 쓴다. 조금도 서두르지 않는 모습이다.

"이렇게 많은 사람을 보내시어 달나라로 데리고 가려는 것을 막아 주려 하셨지만, 아무리 해도 용납하지 않는 사신이 저를 맞으러 와서 한스럽고 슬플 따름입니다. 임금님을 섬길 수 없었던 것도 이러한 복잡한

사정이 있었기 때문입니다. 필시 납득하기 어려우셨겠지만……. 말씀에 따르지 않고 분부를 완강하게 거부하여 무례한 자라고 마음에 두고 계실 것이 저로서는 무엇보다 마음에 걸립니다."
라고 쓰고,

> 끝이라 하여 천상의 날개옷을 입으려 하니
> 당신과의 추억이 무척 그립습니다[87]
> 今はとて 天の羽衣 きるをりぞ
> 君をあはれと 思ひいでける

라는 노래를 읊어, 단지 안에 들어 있는 불사약과 함께 임금님께 올려 드릴 것을 두중장(頭中将)[88]을 불러 부탁했다. 이에 천인이 받아 중장에게 건넸다. 중장이 단지를 건네받자 곧바로 천상의 날개옷을 히메에게 입혔다. 그러자 노인을 딱하고 가엾게 여기던 마음도 스르르 사라져 버렸다. 이 날개옷을 입은 사람은 근심이 없어지기 때문에, 가구야 히메는 하늘을 나는 수레를 타고 백 명 정도 되는 천인과 함께 하늘로 올라가 버렸다.

---

87 〈이제는 마지막이라고 생각하여 천상의 날개옷을 입을 때가 되니 임금님과의 일들이 마음에 스밀 듯 그립습니다.〉

88 두중장(頭中将, とうのちゅうじょう): 근위부(近衛府)의 중장(中将)으로 근위부의 차관.

제11장.

후지의 연기

그 후, 노인과 노파는 피눈물을 흘리며 어쩔 줄 몰라 하지만, 아무 소용이 없었다. 가구야 히메가 남긴 편지를 가까이에 있던 자가 읽어 주지만,

"무엇 때문에 목숨이 아까우랴. 누구 때문에 목숨이 아까우랴. 아무것도 소용없다."

말하며 약도 먹지 않았다. 그 상태로 일어나지 않고 병상에 누웠다.

중장은 병사들을 이끌고 궁으로 돌아가 가구야 히메를 싸워 지킬 수 없었던 일을 임금님께 소상히 아뢰었다. 그리고 불사약이 든 단지와 함께 가구야 히메가 써 준 편지를 올려 드렸다. 임금님은 편지를 펼쳐 읽으시고 무척 애틋하게 여기시며 아무것도 드시지 않았다. 그리고 연회 등도 베풀지 않으셨다. 대신과 상달부(上達部)[89]를 부르시어

---

89 상달부(上達部, かんだちめ): 태정대신(太政大臣)・좌대신(左大臣)・우대신(右大臣)・대

"어느 산이 천상에 가까운가?"
하고 물으시니 대신과 상달부 중의 한 사람이

"스루가(駿河)[90] 지방에 있다는 산이 도성에서도 가깝고 천상에도 가깝다고 하옵니다."
하고 아뢰었다. 임금님은 이 이야기를 들으시고,

> 만날 수 없어 눈물로 지새우는 이내 처지에
> 불사약 있다 한들 무슨 소용 있으랴[91]
> 逢ふことも なみだに浮かぶ我が身には
> 死なぬ薬も 何かはせむ

하고 읊으시어 히메가 올린 불사약이 든 단지와 함께 신하에게 건네셨다. 칙사로는 쓰키노 이와가사라는 사람을 불러, 스루가(駿河) 지방에 있다고 하는 산 정상으로 가지고 갈 것을 명하시고, 정상에서 해야 할 일을 분부하셨다. 임금님의 편지와 불사약이 들어 있는 단지를 늘어놓고 불을 붙여 태울 것을 명하셨다.

납언(大納言) · 중납언(中納言) · 참의(參議) 및 3품 이상 당상관의 총칭.

90 스루가(駿河, するが): 지금의 시즈오카현(静岡県) 중앙부.

91 〈히메를 다시 만날 수 없어서 슬픈 눈물로 지새우는 처지에 불사약이 무슨 도움이 되겠는가. 더 이상 불필요한 것이다.〉

그 명을 받들어 쓰키노 이와가사가 병사들을 대거 거느리고 산에 오른 일에 연유하여 그 산을 병사(兵士)로 넘친 산, 즉 후지산(富士山)이라 이름 붙인 것이다.

그 불사약과 편지를 태운 연기는 지금도 구름 속으로 피어오르고 있다고 전해진다.

〈연구〉

『다케토리 모노가타리』의 현실과 비현실

1. 들어가기

『다케토리 모노가타리(竹取物語)』는 2014년 〈가구야 공주 이야기(かぐや姫の物語)〉라는 이름으로 애니메이션 영화화되어 한국에도 공개되었다. 외국에서도 상영될 만큼 대중성이 강한 작품이며, 분량이 비교적 적고 오락적인 요소가 짙어 누구나 쉽게 접근할 수 있는 문학이다. 또한 당시의 다양한 풍속을 이해하는 데에도 유익하여 고전 교육의 장에서도 인기 작품으로 다루어지고 있다.[1] 고전 문학 작품 중에서는 비교적 연구자도 많고 독자층도 넓다. 그런데 그 구성에 있어서는 서로 이질적인 소재가 혼재되어 작품을 제대로 이해하기 위해서는 작품의 배경과 설화적 요소, 작자의 의식 등, 더욱 면밀한 분석과 다각적인 접근이 필요하다.

등장인물의 모델설과 관련한 사실(史實)이나 무대와 배경 등을 살펴

---

1 木村博 씨는「国語教育のなかの竹取物語」에서「教材としての竹取物語の第一の意義として、古典の世界への関心、興味を喚起するということがあげられよう。」라고 논하고 있다. (『国文学－竹取物語フイクションの誕生』学燈社, 1993, p.131)

보면 어느 한 시기에 국한되어 있다고 보기 어렵다. 선행 연구에 따르면 가구야 히메의 모델을 전승 상의 천황인 스이닌(垂仁) 때의 인물로 보거나, 또는 가구야 히메의 승천을 저지하기 위해 파견되어 병사의 통솔역할을 담당하는 다카노노 오오쿠니(高野の大国)의 모델을 간무(桓武) 천황 때의 인물로 보는 견해가 확인된다.[2] 이렇게 광범한 시대에서 폭넓은 소재를 구하고 있다. 관위도 다이호 율령(大宝律令)[3] 체제 아래의 명칭이므로 정확한 시대를 특정하기에는 무리가 있다. 또한 제작 연도도 불분명하여 작품이 골계적이고 풍자의 정신이 뚜렷하다는 이유에서 덴랴쿠(天暦, 947-957) 전후일 것으로 추정하는 설[4]이 있지만, 에도 시대 이후에 제출된 모든 설을 종합해 보면 고닌(弘仁, 810-824)부터 덴랴쿠에 이르

2 『고사기(古事記)』 스이닌 조(垂仁朝)에 스이닌 천황의 비(妃)로 '가구야 히메(迦具夜比売)'가 등장하는데, 이를 모노가타리의 가구야 히메로 보는 설이다. 한편 다카노(高野)라는 성은 간무(桓武) 천황의 즉위 시에 처음 하사한 성으로, 여기서 다카노노 오오쿠니(高野大国)는 다카노노 오토쓰구(高野の乙継)의 손자 이에마로(家麻呂)를 가리킨다는 설 등 다양한 설이 제출되어 있다. 아마가이 히로요시(雨海博洋)의 『竹取物語』 '등장인물' 항에 상세하게 정리되어 있다. 1988, pp. 187-208

3 율(律) 6권, 령(令) 11권으로 구성된 고대의 법전. 다이호(大宝) 원년(701) 오사나베 친왕(刑部親王), 후지와라노 후히토(藤原不比等) 등이 편찬하여 즉시 시행했다. 덴지 조(天智朝) 이래의 법전 편찬 사업의 집대성으로 요로율령(養老律令) 시행까지 율령국가 전성기의 기본 법전이 되었다. (広辞苑)

4 武田宗俊「竹取物語の成立と年代並に作者に就いて」『平安朝物語 I』日本文学研究資料叢書, 有精堂, 1970, p.61

기까지 견해도 다양하다. 무려 147년이라는 간극이 존재하는 것을 알 수 있다.[5] 더욱이 현존하는 전본이 무로마치(室町) 시대라는 점에서, 만일 증보가 현존 전본 시까지 진행되었다면 또 다른 시각과 해석이 필요할 것이다.

따라서 시대적 배경이나 요소, 제작 연대 등이 서로 일치하지 않기 때문에 군데군데 이질감이나 단절감이 존재할 수밖에 없는 구조다. 본 연구의 필요성은 바로 여기에 있다. 현실과 비현실 소재를 일관성 없게 채용하면서도 불협화음을 내지 않고 천년이 넘는 세월 동안 오롯이 읽히는 문학으로서 잔존할 수 있었던 것은, 전혀 무관한 소재를 하나의 이야기로 엮기 위해 몇몇 연결고리를 사용하고 있으며, 그 결과 이질감과 단절감이 해소되었기 때문일 것으로 파악된다.

본 연구에서는 『다케토리 모노가타리』의 이러한 중층적인 묘사 방법에 주목하여 작품의 소재에 보이는 현실과 비현실, 그리고 그 연결 구조에 대해 분석하고 고찰하고자 한다. 작품에 채용된 소재와 배경이 서로 연관이 없는 것들로 혼재되어 있을 뿐 아니라, 전기적(傳奇的)인 설화의 도입과 아울러 묘사 방법, 그리고 이에 대한 등장인물들의 인식에 간극이 존재하고 있음을 알 수 있다. 또한 이러한 간극을 메워 하나의 이야기로 체계화하는 데 있어서 작자 나름의 고민과 방법의 모색이 있

5 玉上琢弥 『物語文学』「物語の誕生 - 竹取物語 -」塙書房, 1960, pp. 25-26

었음을 발견할 수 있다. 이러한 고민과 방법이 무엇인지 추급해 가고자 한다.

필자는 지금까지 작품의 주제와 원류, 수용 형태 등을 중심으로 연구해 왔으나, 여기서는 몇 가지의 설화를 모아 복합체로 엮으면서도 『다케토리 모노가타리』가 기승전결의 구조를 갖춘 소위 읽히는 문예로 정착한 점에 주목하여, 서로 다른 성격의 소재를 엮기 위해 연결고리로 채용한 것이 무엇인지 살펴보고자 한다.

2. 비현실 소재의 현실적 묘사

『다케토리 모노가타리』는 내용 구성상 크게 3부로 구분되는데, 초반부는 '가구야 히메의 발견과 성장'이고 중반부는 '귀공자들의 구혼과 난제', 종반부는 '임금의 구혼과 달세계로의 승천' 이야기다. 연구자에 따라서는 귀공자들의 구혼과 임금의 구혼을 하나로 묶어 제시하는 경우가 있으나, 구혼이라는 공통 소재만으로 동일 선상에 두는 것에는 동의하기 어려운 부분이 있다. 다섯 귀공자의 구혼담과 임금의 구혼담은 확연히 다른 소재가 사용되고 있는데, 단적으로 이야기하면 소재가 현실적이냐 비현실적이냐 하는 관점에 주목할 필요가 있으며, 또한 이것을 작자가 화자와 등장인물들을 통해서 어떤 식으로 묘사하고 있는지

지문과 대화문을 비교하여 그 차이점을 살펴보아야 할 것이다. 수용된 소재의 세세하고 면밀한 분석과 이에 대한 등장인물들의 인식을 비교 고찰할 필요가 있다.

이를 위해서 먼저 이야기 속의 현실적 요소와 비현실적 요소를 구분하고, 이러한 요소가 화자의 '이야기(語り)' 안에 어떻게 인식되고 표현되고 있는지 함께 분석하여 정리하고자 한다. 아울러 각 등장인물의 관점은 어디에 맞춰져 있는지 살펴보고자 한다.

위에서 제시한 초반부와 종반부의 이야기는 표면적으로 보아 비현실적 이야기 구조와 내용이 중심을 이루고 있다. 그러나 이러한 비현실적 내용이 등장 인물에게는 큰 위화감 없이 현실의 일부로 인식되고 또 묘사된다. 비현실적이고 초자연적인 요소에 대한 자각이 보이지 않는 것이다.

전술한 것처럼 모노가타리 안에서 초인적이고 비현실적인 소재와 내용을 찾으면, 가구야 히메가 대나무 안에서 발견되어 3개월 만에 어른으로 성장하는 부분과, 임금이 가구야 히메에게 구혼하는 장면에서부터 달세계로의 승천, 그리고 후지산에서 편지와 불사약을 태우는 일련의 과정이 포함된다.

가구야 히메는 대나무를 채취하여 갖가지 생활 도구를 만들어 생계를 지탱해 가던 노인에 의해 대나무 통 안에서 소인의 모습으로 발견된다.

그러던 어느 날, 뿌리 밑동이 빛나는 대나무 한 그루를 발견했다. 노인이 이를 의아하게 여겨 그 대나무 곁으로 다가가 보니 대나무 통 속이 빛나고 있었다. 그 안을 들여다보니 세 치 정도의 무척 귀여운 여자아이가 앉아 있었다. 노인은 "제가 아침저녁으로 보아온 대나무 속에 계신 인연으로 만나게 되었습니다. (중략) 저의 자식이 될 분인 것 같습니다" 하고 말하고는(후략)[6]

독자의 입장에서 볼 때, 초반부는 어디까지나 옛날이야기 형식이며 초자연적인 내용이지만, 노인의 반응에서 보듯 이야기는 매우 현실처럼 담담하게 묘사되고 있다. 노인은 대나무 안에서 작은 여자아이를 발견하지만, 전혀 당황하는 기색이 없으며 목전의 상황을 당연하다는 듯이 받아들인다.

여기에 이어지는 성장부에서도 기이한 일들이 지속해서 벌어지지만, 이 또한 그저 현실처럼 자연스럽게 그려내고 있다. 가구야 히메를 발견한 후로 대나무를 자를 때마다 그 안에서 황금이 쏟아져 나와 노인은 큰 부자가 되고, 가구야 히메의 성장에 대해서 말할 것 같으면, 그야말

6 その竹の中に、もと光る竹なむ一すぢありける。あやしがりて、寄りて見るに、筒の光りたり。それを見れば、三寸ばかりなる人、いとうつくしうてゐたり。翁いふやう、「我朝ごと夕ごとに見る竹の中におはするにて知りぬ。子になりたまふべき人なめり」とて、(片桐洋一校注・訳(1994)『竹取物語』「新日本古典文学全集」, 小学館, p.17)

로 '폭풍 성장'의 장본인이다. 비 온 후의 대나무처럼 쑥쑥 자라 불과 3개월 만에 어른의 몸으로 성장하여 성인식을 치르기에 이른다.

> 노인이 이 아이를 발견하고 나서부터 대나무를 벨 때마다 마디와 마디 사이에 황금이 들어 있는 일이 거듭되었다. (중략) 아이는 대나무처럼 쑥쑥 자랐다. 발견한 지 3개월 정도 지나자, 아이는 성인식을 치르기에 합당한 어엿한 아가씨로 성장했다. 이에 노인은 길일을 택하여 머리를 틀어 올리고 예복을 입혔다.[7]

머리를 틀어 올리는 행위(髪あげ)는 성인식의 풍습이며, '모(裳)'를 입혔다는 것 또한 성인식 때 행해지는 의식의 일환이다. 3개월 만에 어른의 몸으로 성장하여 성인식을 치렀다는 것은 누가 보더라도 지극히 동화적이고 비현실적이며 초인적이다. 그런데 이러한 비현실적인 요소가 내용 전반을 지배하고 있음에도 불구하고, 전개 방식에 있어서는 현실적 감각 하에 묘사되고 있다는 점이 특징이다.

초자연적이고 비현실적인 소재를 전면에 내걸면서도 그것이 지상에

---

7 たけとりの翁、竹を取るに、この子を見つけて後に、竹取るに節をへだててよごとに、黄金ある竹を見つくる事かさなりぬ。(中略)この児、やしなふほどに、すくすくと大きになりまさる。三月ばかりになるほどに、よきほどなる人になりぬれば、髪あげなどさうして、髪あげさせ、裳着す。p.18

서는 있을 수 없는 황당무계한 사실이라는 뉘앙스의 묘사를 발견할 수 없다. 비현실을 현실로 인식시키는 묘사 방법을 채택하고 있다. 아직 현실과 가상을 구분하지 못하는 어린아이가 굴뚝으로 들어온다는 산타클로스를 믿는 것처럼, 등장인물이나 묘사에도 그 기이함에 특별한 의문을 제기하지 않은 채 이야기는 빠르게 전개된다.[8] 다시 말해서 현실과 비현실의 구분이 따로 없다는 의미다.

중반부의 '다섯 귀공자의 구혼담'에서 이어지는 모노가타리의 종반부 역시 초반부의 가구야 히메의 발견이나 성장 부분과 마찬가지로 비현실 세계가 현실적으로 그려지고 있다. 임금이 가구야 히메를 처음 만나는 장면에서 히메가 갑자기 임금의 시야로부터 투명 인간처럼 사라진다든지, 달세계로부터 사신들이 가구야 히메를 맞으러 강림하는 장면과 가구야 히메를 수행하여 하늘로 승천해 가는 일련의 황당한 내용 속에서도 서사는 지극히 현실적으로 담담하게 묘사되고 있다. 그야말로 비현실 세계의 현실화인 것이다.

임금이 가구야 히메를 만나기 위해 비밀리에 다케토리 노인의 집으로 행차하여 히메의 소매를 낚아채는 장면에서 다시 초반부의 비현실적 색채가 되살아난다.

---

8 玉上琢弥『物語文学』「物語の誕生」「物語観照者たる深窓の姫君は、ここに一層、現実世界と物語世界とを混同し、物語世界に生きることになるのである。」塙書房, 1967, p.34

행차가 있기 전, 임금의 명으로 가구야 히메를 만나기 위해 내시 나카토미노 후사코(内侍中臣のふさ子)가 노인의 집으로 파견되지만, 뜻을 이루지 못한 채 돌아가고, 이어서 임금은 노인을 궁으로 불러 히메를 입궁시킬 것을 권하지만, 이 또한 히메의 완강한 저항에 부딪혀 그 뜻을 이루지 못한다. 그 결과 임금 스스로가 가구야 히메를 보기 위해 직접 방문해 오는 것이다. 이와 같은 구조는 신대 신화에서 이어진 남성이 여성을 만나기 위해 먼 곳으로부터 찾아오는 이야기 구조와 유사하지만, 여기에 초인간적인 요소를 내포하고 있다고 보기는 어렵다.

그러나 아버지 역할자인 노인의 요구에도 불구하고 가구야 히메가 임금의 명령을 거부하는 행위는 당시의 상황으로 보아 현실적이라고 보기 어려운 측면이 있으며,[9] 여기에는 다시 가구야 히메를 인간과는 다른 고귀한 존재로 그리기 위한 전조적인 의미가 내포되어 있다고 볼 수 있다. 무엇보다 임금이 노인과 모의하여 불시에 노인의 집을 찾아와 가

9 신화에서는 남자가 여자를 만나 구혼하고 이를 여자의 아버지가 허락하여 결혼이 성사되는 구조이다. 예를 들어 스사노오와 구시나다히메, 니니기와 사쿠야비메, 호오리와 도요타마비메 등을 보면 알 수 있다. 단, 오오쿠니누시와 스세리비메의 결혼은 아버지의 허락 없이 관계를 맺는 구조이므로 예외다(荻原浅男校注・訳(1994)『古事記』「日本古典文学全集」, 小学館, p.86, 97, pp. 133-134, pp. 138-139). 한편 헤이안 시대의 모노가타리 문학에서 천황의 결혼에는 소위 '요바이(夜這い)'나 '가이마미(垣間見)'의 모습이 확인되지 않는다. 따라서 시대적 상황이라는 관점에서 보아 가구야 히메의 명령 거부와 히메를 만나기 위해 직접 찾아오는 천황의 모습은 현실적이라고 보기 어려운 측면이 있다.

구야 히메의 소매를 낚아채고, 이때 일어나는 장면은 이야기를 다시 모노가타리 초반부의 초자연적인 세계로 역행시킨다.

> 임금님은 서둘러 날을 정하고 매사냥에 나섰다. 그리고 히메의 집에 도착하여 은밀히 들어가서 보시니, 주변 일대를 환하게 비추며 화려한 자태로 앉아 있는 사람이 있었다. '소문으로 듣던 가구야 히메가 바로 이것이구나.' 생각하시고 가까이 다가가시자, 히메는 알아차리고 안쪽으로 도망쳐 들어가려고 했다. 그때 임금님이 소매를 붙잡으시니 히메는 다른 한쪽 소매로 얼굴을 가렸다. 그러나 그 사이로 모습을 꼼꼼히 살펴보시니 세상의 무엇과도 비교할 수 없을 정도로 아름다웠다. (중략) "어찌 그런 일이 있겠느냐. 역시 어떻게 해서든 데리고 가야겠다." 말씀하시며 가마를 저택 가까이 대게 하시자, 가구야 히메는 갑자기 그림자처럼 사라져 버렸다. 그것을 본 임금님은 "아아, 노력도 허사. 지극히 유감이로다. 역시 보통 사람이 아니었구나." 생각하시며, "그렇다면 데리고 가지 않겠다. 그러니 원래대로 돌아오너라. 최소한 그 모습만이라도 한 번 더 보고 돌아가고 싶구나." 말씀하시므로 가구야 히메는 원래 모습으로 돌아왔다. 임금님은 계획대로 되지는 않았지만, 과연 히메가 아름답다고 생각하시는 마음은 멈추려 해도 멈출 수 없었다. 임금님은 히메를 만나게 해 준

노인에게 고마워하셨다.[10]

임금이 가구야 히메의 소문을 듣고 사냥복 차림으로 가구야 히메를 만나기 위해 노인의 집을 방문한 장면이다. 『이세 모노가타리』 초단의 남성 귀족이 성인식을 올리고 사냥을 나가, 아름다운 자태의 자매를 엿보고 마음을 빼앗겨 와카를 읊어 보내는 내용을 연상시킨다.[11] 그러나 여기에는 '엿보기(垣間見)'에서 이어지는 와카의 증답 등의 보편적 과정이 누락되어 있으며, 여자의 동의 없이 소매를 붙잡는 비상식적이라고도 할 수 있는 행위가 그려지고, 이러한 비상식은 가구야 히메가 임금의 시야에서 갑자기 사라지는 초현실적인 상황을 초래한다. 급성장 이

10　帝、にはかに日を定めて御狩にいでたまうて、かぐや姫の家に入りたまうて、見たまふに、光り満ちてけうらにてゐたる人あり。これならむと思して、近く寄らせ給ふに、逃げて入る。袖をとらへ給へば、面をふたぎて候へど、はじめて御覧じつれば、類なくめでたくおぼえさせ給ひて、(中略)「などか、さあらん。猶率ておはしまさん」とて、御輿を寄せ給ふに、このかぐや姫、きと影になりぬ。「はかなく、口惜し」と思して、「げにただ人にはあらざりけり」と思して、「さらば、御供には率て行かじ。もとの御かたちとなり給ひね。それを見てだに帰りなむ」と仰せらるれば、かぐや姫、もとのかたちになりぬ。帝、なほめでたく思しめさるる事せきとめ難し。かく見せつる造麻呂をよろこび給ふ。p.61

11　福井貞助校注・訳(1994)『伊勢物語』「新日本古典文学全集」小学館, p.113 참조. 다섯 귀공자의 구혼담에 이어지는 이야기지만, 천황과 가구야 히메가 만나는 장면은 앞의 내용과는 무관하며, 마치 『이세 모노가타리』의 초단 같은 성격을 띠고 있다고 할 수 있다.

후에 멈춰있던 기이한 일이 다시 시작되는 부분이라고 볼 수 있다. 전술한 것처럼 다섯 귀공자의 구혼담에서는 결혼을 거부할 뿐 신묘한 일은 벌어지지 않는다.

그런데 이런 기괴한 일을 면전에서 겪고 있는 임금의 반응을 살펴보면 가구야 히메를 대나무 안에서 발견한 노인처럼 상황을 담담하게 바라보고 있는 것을 알 수 있다. 가구야 히메가 갑자기 그림자가 된 상황과 마주한 임금은 "아아, 노력도 허사. 지극히 유감이로다" 또는 "역시 보통 사람이 아니었구나." 정도로 생각할 뿐 그 상황을 '도저히 받아들일 수 없는 괴이한 일'이라거나 '황당무계한 일'이라고 과장하여 표현하지 않는다.

동일한 구혼 이야기인 다섯 귀공자 등장 부분에서는 이러한 초인간적인 일이 일어나고 있지 않을 뿐 아니라, 현실과 비현실에 대한 인식이나 자각이 분명한 것을 알 수 있다. 상세한 것은 제3장에서 다루고자 한다. 다시 말해서 두 구혼담은 이질적인 색채를 띠고 있으며, 역시 모노가타리의 소재가 별개의 루트를 통해 채용되고 있음을 짐작하게 한다.

더 나아가 달세계에서 가구야 히메를 맞으러 오는 사자(使者)들에 대한 묘사와 가구야 히메의 승천에 관한 부분에서는 초자연적이고 비현실적인 요소가 극대화된다. 또한 이야기에 관계되는 사람도 임금이나 노인 부부에 국한되는 것이 아니라 수많은 병사와 신하 등으로 확대된다. 그들 또한 승천이라는 초자연적인 상황 속에 존재하고 있으며 여기서도 비현실의 현실화가 이어지고 있다.

가구야 히메가 임금과 헤어져 편지를 왕래한 지 3년이 지난 어느 보름이 가까운 8월 밤, 자신을 돌보아 준 노인에게 본향인 달세계로 돌아가야 한다고 고백하는 장면에서 확인된다.

> "저는 이 인간세계의 사람이 아닙니다. 달세계의 사람입니다. 전세(前世)의 숙명으로 이 인간 세상에 내려온 것입니다. 하지만 이제 돌아가야 할 시기가 되어, 오는 8월 15일에 저 달나라에서 저를 데리러 사람들이 올 것입니다." (p.65-66)

노인이 대나무 안에서 가구야 히메를 발견했다는 이야기는 도입부에 이미 나와 있으므로 독자들은 특별히 위화감을 느끼지 않을 테지만, 더 나아가 달나라에서 자신을 데리러 오는 사람들이 있다는 비약적인 표현에는 강한 허구를 경험할 것이다. 그러나 여기에서도 노인은 히메의 말을 받아 역시 비현실적 대화로 대응하고 있다.

> "대체 무슨 말씀을 하시는 겁니까. 대나무 속에서 발견했을 때는 유채씨만 하던 것을, 내 키와 비슷할 정도까지 키운 내 자식을 도대체 누가 데려간다는 말씀입니까." (p.66)

달세계로 돌아가야 하는 때가 왔다는 가구야 히메의 고백에 노인은 '유채씨만 하던 것을 내 키와 비슷할 정도까지 키운 내 자식'이라고 반박하고 있으며, 이와 같은 비현실의 현실적 표현은 여기에서 멈추지 않고 더욱 가속화되고 극대화된다.

> "저는 달나라의 사람이고, 그곳에 친부모가 있습니다. 아주 잠깐이라고 하여 저 달나라에서 내려온 것인데, 이렇게 오랜 세월을 인간 세상에 머물게 된 것입니다. 저 달나라에 있는 부모님도 잊고, 이처럼 긴 세월 머물면서 이곳 생활에 완전히 익숙해졌습니다. (p.66)

가구야 히메와 노인의 달세계에 관한 대화는 두 사람 사이에서 멈추지 않고 임금에게로 확대된다. 노인은 달세계에서 히메를 데리고 가기 위해 사신들이 온다고 하니 병사를 파견하여 막아달라고 임금에게 간청한다. 실제로 노인은 히메의 말을 지극히 현실로 받아들이고 있는 모습이다.

> "오는 15일에 달나라에서 가구야 히메를 맞으러 사신이 온다고 합니다. 황송하게도 이렇게 방문해 주셔서 고맙습니다만, 15일에 병사를 파견하시어 달나라 사람이 내려오면 물리쳐 주시겠습니까?" (p.67)

임금 또한 노인의 청원을 받아들여 병사들을 노인의 집으로 파견하여 지붕과 담 위에서 공중으로부터 오는 달세계의 사신들을 격퇴할 준비를 한다. 다시 말해서 달세계에 대한 초자연적인 존재에 누구 하나 의심하지 않고 당연한 일로 받아들이고 있다.

> 임금님은 15일에 맞춰 각각의 기관에 명을 내리시어, 칙사로 근위 소장인 다카노노 오오쿠니라는 사람을 지명하고, 육위부(六衛府)의 병사 2천 명을 노인의 저택으로 파견하셨다. 저택에 도착한 병사들은 담 위에 천 명, 그리고 지붕 위에 천 명이 올라가 노인의 집에 있는 많은 하인과 더불어 빈틈없이 지켰다. (p.68)

여기서는 근위소장 다카노노 오오쿠니라는 이름의 구체화한 인물을 등장시켜 현실감을 부여하려고 하고 있지만, 하늘로부터 오는 천인들을 격퇴하기 위해 병사들을 지붕이나 담 위로 올라가게 하는 행위 자체가 비현실적이다. 실제로 병사들의 이 같은 행위는 죽은 자의 혼을 부르거나 진정시키기 위해 행하는 초혼제(招魂祭) 등의 습속에서 유래[12]하는 것으로 파악된다.

그리고 이야기는 한층 더 나아가 초자연적인 현상이 8월 15일 밤 12

---

12 井之口章次는『日本の葬式』에서, 일본 전국적으로 초혼(招魂)이 행해지는 장소를 조사하고 있는데, 대부분이 '지붕 위'라고 주장하고 있다. 筑摩叢書 240, 1977, pp. 16－40

시경에 이르러 절정에 다다른다. 드디어 달세계로부터 사신이 내려오는데, 작자는 그 광경을 마치 실상을 그리듯 상세하게 묘사하고 있다.

- 초저녁이 지나고 밤 열두 시경이 되자, 집 주변이 낮 이상으로 눈부시게 빛나기 시작하는데, 그 밝기가 보름달 열 개를 합친 것처럼 밝아서 그곳에 있는 사람들의 모공까지 보일 정도였다. 하늘에서 사람들이 구름을 타고 내려와 지면에서 5척(尺)가량 올라간 공중에 쭉 늘어서 있었다. 이 광경을 보고 집 안팎에 있는 사람들은 무엇인가에 억눌린 듯, 맞서 싸우려는 생각도 들지 않았다. 겨우 마음을 다잡고 활에 화살을 걸고 시위를 당기려 하지만, 팔에 힘이 들어가지 않았다. (p.70, 71)
- 날개옷을 입은 사람은 근심이 없어지기 때문에, 가구야 히메는 하늘을 나는 수레를 타고 백 명 정도 되는 천인과 함께 하늘로 올라가 버렸다. (p.75)

8월 15일은 달이 가장 밝은 날인데, 심지어 그 보름달을 열 개 더한 것처럼 밝았다고 묘사하고 있다. 일본에서 1987년에 공개된 영화 『竹取物語(다케토리 모노가타리)』에서는 달세계의 사신들이 타고 온 것을 미확인 비행물체 즉 UFO로 그려내고 있다.[13] 그야말로 인구에 회자되는

---

13 市川崑監督(1987) 『竹取物語』 후지TV, 도호영화(東宝映画) 제작, 9월 26일 공개.

외계인의 지구 방문 이야기로 각색하고 있으며, 이 같은 현상은 이미 1982년 스티븐 스필버그가 『다케토리 모노가타리』를 모티프로 제작한 영화 『E.T.』라는 공전의 화제작에서도 발견된다. 이렇게 본 모노가타리 종반부의 소재는 현대의 공상과학 영화에 채용될 정도로 초현실적인 색채를 띠고 있다.

그리고 비현실 소재의 현실적 설정은 승천으로 마무리된다. 가구야히메가 달세계로 승천하는 모습은 인간의 죽음을 미화한 것[14]으로도 이해되는데, 그렇게 보면 사람의 태어남과 죽음은 인간의 힘으로는 어쩔 수 없는 불가항력적인 것이라 비현실적인 소재를 현실적 구조로 그리고, 결혼은 인간이 정해놓은 현실적 요소이므로 평범한 인간의 관점에서 묘사하고 있다고 해석할 수 있다.

3. 현실과 비현실의 명확한 인식

이에 반해 중반부를 형성하고 있는 다섯 귀공자에 의한 구혼담과 난

14 阿部正路 씨(1995)는 "일본의 모노가타리 안에서는 8월 15일을 전후로 하여 많은 사람이 죽는데, (중략) 달이야말로 죽음의 세계를 의미하며 달빛은 죽은 자가 걷는 길"이라고 피력하고 있다. (『怨念の日本文化』(幽霊篇) 角川書店, p.72)

제담은 지극히 현실적인 배경하에서 이야기가 전개되며[15] 끝까지 기묘한 일은 일어나지 않는다. 결혼을 목적으로 가구야 히메로부터 귀공자들에게 부과된 난제가 구혼담의 중심을 지탱하고 있다고 해도 과언은 아닐 것이다. 특히,

'이 세상에 존재하지 않는 물건을 구해야 하는 것'

이 의식적으로 전제되어 흥미와 긴장감을 더하고 있다는 점에서 초, 종반부와는 명확히 구분된다고 할 수 있다. 전술한 것처럼 다섯 귀공자의 구혼담과 임금의 구혼담에는 큰 상이점이 존재한다. 다섯 귀공자의 구혼담에는 가구야 히메가 각 귀공자에게 현실에는 존재하지 않고 전설에나 나올 법한 보물을 요구하여 설화적 호기심을 극대화하려는 작자의 의도가 여러 군데에서 확인된다. 모노가타리의 작자는 세인들의 보편적 의식을 이용하여 그런 것들이 이 세상에서는 구할 수 없는 상상 속의 물건이라는 인식을 누차 각인시키고 있다.

등장하는 인물들에게도 성씨나 관위 등을 부여함으로써 이야기의 현

---

15 南波浩는 「竹取物語の創造性とその本質」에서, 「五人の貴族の求婚失敗の段には、とくにもっとも多くの創意がもられている。竹取の全構成をみるとき、作者が(中略)もっとも現実性のある題材をもって、写実的な形象手法を駆使し」라고 논하고 있다. (『竹取物語』日本古典全書, 朝日新聞社, 1960, p.48)

실성을 부각하고 있다. 다시 말해서 현실과 비현실의 구분이 이야기 속에 명료하게 드러나 있는 것이다. 주지하는 것처럼 다섯 귀공자가 가구야 히메에게 요구받은 난제를 나열하면 다음과 같다.

- 이시쓰쿠리 황자 – 인도에 있다는 부처의 돌 사발
- 구라모치 황자 – 봉래의 구슬 가지. 은을 뿌리로 하고 금을 줄기로 하고 백옥을 열매로 한 물건
- 아베 우대신 – 당토에 있는 불쥐의 가죽옷
- 오오토모 대납언 – 용의 목에 오색으로 빛나는 구슬
- 이소노가미 중납언 – 제비가 가지고 있는 안산 조개[16]

귀공자들은 임금 아래 최고의 신분을 자랑하는 자들로, 이들에 대해서는 마치 실존 인물을 등장시킨 것처럼 지극히 현실적인 점을 강조하고 있다. 그러나 그들에게 '가져다 달라'라고 제시한 난제는 전설에나 등장하는 터무니없는 물건들이다. 더욱이 이러한 상황에 맞닥뜨린 귀공자들은 히메가 요구한 물건을 구하려고 부단히 애를 쓰는 모습이 확인되지만, 실

---

16 石作りの皇子－天竺にあるとされる仏の御石の鉢、車持の皇子－蓬莱の玉の枝、銀を根とし、金を茎とし、白玉を実とする物、大伴の大納言－龍の頸に五色に光る玉、阿倍の右大臣－唐土にある火鼠の皮衣、石上の中納言－燕の持っている子安貝

제로 이들에게도 난제 속 보물이 이 세상에 존재하는 물건이라는 의식은 결여되어 있다. 단순히 히메를 아내로 맞을 일념에 눈이 어두워 히메를 속이거나 재산을 탕진하거나 목숨을 잃을 법한 어리석은 행동을 하는 현실 속의 사람들로 그려지고 있다. 게다가 그들의 말을 통해서도 히메가 부여한 난제가 비현실적이라는 점을 명확히 하고 있다.

> 노인이 "그거참, 무엇 하나 쉬운 게 없군요. 일본에 있는 물건들도 아니고……. 어떻게 그런 어려운 부탁을 드릴 수 있겠습니까?" 하고 말하자
>
> (황자들과 귀족들은) "차라리 솔직하게 더 이상 여기에 오는 것을 삼가라고 하지 그러시오!" 하고 넌더리를 내며 모두 돌아가 버렸다.[17]

요구받은 난제 속 물건이 황당하기 그지없는 것들이라는 인식과 묘사는 귀공자들뿐 아니라 가구야 자신과 노인, 모두에게 동일하게 적용된다. 귀공자들은 차치하더라도 가구야 히메마저 초반부와 종반부에서의 이미지와는 다른 현실 속 인물상을 하고 등장한다. 예를 들어 '봉래의 구슬 가지'를 난제로 부여받은 구라모치 황자가 국보급 공인들을 시

---

17 翁、「難きことにこそあなれ。この国に在る物にもあらず。かく難きことをば、いかに申さむ」といふ。皇子たち · 上達部、「おいらかに、『あたりよりだにな歩きそ』とやはのたまはぬ」といひて、うんじて、皆帰りぬ。(p.24, 25)

켜 교묘하게 만들어 가져온 구슬 가지를 받아 든 가구야 히메는 마치 내기에 져서 황자와 결혼할 수밖에 없는 처지에 놓였다고 생각한다.

- "사실이라면 황자에게 분명 지고 말 거야" 하고 생각하자 불안해서 견딜 수 없었다. (p.28)
- 가구야 히메는 해 질 녘부터 고민하고 있던 마음이 맑게 개어(p.35)

종반부에서의 가구야 히메는 임금의 거듭된 명령에도 굴하지 않고 입궁을 완강히 거부하는 강인한 여성으로 등장하고 있다. 임금의 갑작스러운 방문과 직접적인 만남 이후에도 히메는 이승의 인물이 아니라 달세계의 존재이기 때문에 절대 혼인할 수 없다는 사실을 분명히 하고 있다. 비현실에 대한 자각이 나타나 있지 않은 것이다. 그에 비해 다섯 귀공자의 구혼담에서는 평범한 인간이 가지는 불안과 근심에 사로잡혀 안절부절못하는 모습이다. 노인이 다섯 귀공자 중에 한 사람과 결혼하라는 제안에도 가구야 히메는 보통의 여성이라고 생각할 만한 의식을 나타낸다.

> "그다지 훌륭한 미모도 아닌데, 상대의 마음속도 모른 채 결혼했다가 나중에 상대방의 마음이 변하면 후회할 것이 틀림없기 때문입니다. 아무리 상대가 더할 나위 없이 훌륭한 사람이라 해도 그 속마음을 모르면 결혼할 수 없습니다." (p.22)

즉, 중반부의 가구야 히메는 초, 종반부의 가구야 히메와 동일인이라고 보기 어려울 정도로 지극히 현실적인 인물로 묘사되고 있다.

주지하는 바와 같이 다섯 귀공자의 모델에 대해서는 이미 에도 후기의 국학자인 가노 모로히라(加納諸平)가 주장하고 있는 것처럼, 덴무(天武), 지토(持統) 시대에 실존한 인물로 보는 견해[18]가 지배적인데, 흥미로운 것은 이 다섯 명의 귀공자가 모두 동시대를 풍미했다는 사실이다. 초, 종반부에 등장하는 인물의 모델이라고 일컬어지는 존재들의 활동 시기가 서로 연관성이 엷고 불규칙한 것과는 달리, 중반부의 구혼담에 등장하는 귀공자들은 한 시대를 산 인물들로 모델을 삼았다는 점에서 그 이질적인 성격을 확인할 수 있다. 따라서 거기에 호응하여 중반부의 가구야 히메도 현실성이 가미된 인물로 재설정되었을 가능성이 농후하다. 또한 상전인 귀공자들로부터 보물을 구해오라는 명령을 받고 동원되는 하인들, 혹은 바닷가 주민들과 뱃사공 등은 난제 속 보물의 실존에 대해 더 부정적이며, 오히려 다섯 명의 귀공자보다 사고에 있어서 더 현실적인 감각을 지니고 있다. 예를 들어 오오토모 대납언(大伴の大納言)의 경우, 하인들에게 용의 목에 오색으로 빛나는 구슬을 구해오라 지시하고 기다리는데, 명을 받은 하인들은 처음부터 어림도 없는 일이라

18 三谷栄一『竹取物語』〈総説〉을 참조했다. 鑑賞日本古典文学, 角川書店, 1975, pp. 20-22

여기고 포기한다.

> "어디든 발길이 향하는 곳으로 가자."라든가 또는 "참으로 별난 일을 다 시키시는구나." 하고 말하며 대납언을 제각기 비난했다. 그러고는 대납언이 준 물건을 나누어 가졌다. 그리고 어떤 자는 자기 집에 틀어박히고, 어떤 자는 자신이 가고 싶은 곳으로 간다. 가신들은 "아무리 부모나 주군이라고 해도 이런 터무니없는 일을 명하시면……." 하고 말하며 납득이 가지 않는다는 듯 서로 대납언을 비난했다.[19]

이렇게 주군의 명령을 '별난 일' 또는 '터무니없는 일'이라고 평가절하하고 모두 뿔뿔이 흩어진다. 중신들보다 오히려 하층민이 더 이성적이고 현실적인 판단을 하고 있음을 알 수 있다.

돌아오지 않는 하인들을 기다리다 못해 나니와(難波) 해변으로 나선 오오토모 대납언이 주민에게 자신의 하인들이 배를 타고 나가 용을 죽이고 그 목의 구슬을 취했다는 소문을 듣지 못했는지 물을 때 주

19 「いづちもいづちも、足の向きたらむ方へ往なむず」、「かかるすき事をしたまふこと」とそしりあへり。賜はせたる物、各々、分けつつ取る。あるいは己が家に籠りぬ。あるいは己が行かまほしき所へ往ぬ。「親, 君と申すとも、かくつくなきことを仰せたまふこと」と、事ゆかぬ物ゆゑ、大納言をそしりあひたり。(p.44)

민은 다음과 같이 대답한다.

> "이상한 말을 다 듣겠군요." 하고 웃으며, "그런 일을 하는 배는 없습니다." (p.45)

바닷가 주민 또한 대납언의 말이 현실과 동떨어져 있고 이치에 맞지 않는다는 반응이다. 그러나 대납언은 가구야 히메를 아내로 맞을 일념에 난제를 포기하지 못하고 마침내 직접 배를 타고 바다로 나가, 폭풍우를 만나 죽을 고비를 넘기고 나서야 보통 인간으로서의 의식을 되찾게 된다.

> "가구야 히메라고 하는 매우 나쁜 계집이 나를 죽이려고 한 것이다." (p.49)

결국, 다섯 귀공자의 수고는 모두 수포가 되는데, 그중 중납언 이소노가미는 비극적인 최후를 맞는다. 이 세상에 실제로 존재하지 않는 물건을 찾으려는 행위는 헛수고일 뿐이라는 사실을 분명히 하는 것이다. 왜냐하면 현실 세계에 존재하는 귀공자들에게 부여된 난제는 전혀 현실적이지 않기 때문이다. 실패는 이미 예정되어 있었다고 볼 수 있다. 다섯 귀공자의 구혼담에는 이렇게 현실과 비현실을 구분하려는 작의가 감지된다.

그에 반해 가구야 히메의 발견을 포함한 초반부와 임금의 구혼담은 도입부에서는 매우 현실적인 이야기처럼 전개되지만, 채용하고 있는 중심 소재는 마치 신화에서나 볼 수 있는 내용처럼 괴이하다. 주인공이 노인에 의해 대나무 통 속에서 발견되어 3개월 만에 성인이 된다고 하는 소위 기인 출생담으로 시작하여, 임금과 만나는 부분에서는 가구야 히메가 투명 인간처럼 사라지는 등, 초인적인 색채를 띠고 있으며, 그 절정은 하늘로 승천하는 부분이다. 누가 봐도 매우 비현실적인 내용과 구조다.

이처럼 귀공자들의 구혼담과 미카도의 구혼담은 전혀 다른 제재와 구조를 띠고 있으며, 거기에서 작자의 모노가타리 구성에 대한 고민의 흔적을 찾을 수 있다. 같은 구혼담이라고 해도 한쪽은 현실과 비현실에 대한 구분이 명확하고 또 다른 한쪽은 현실과 비현실의 구분이 명료하지 않다.

이렇게 모노가타리는 일관적이지 않고 중층적인 구조를 띠고 있다. 그럼에도 이러한 작품의 구조와 구성이 불협화음을 내지 않고 조화롭게 연결되고 있는 것은 현실 배경 안에 비현실적인 요소를 배치한다든지 혹은 반대로 비현실 안에 현실적 요소를 배치하여 이야기의 접합체로 삼았기 때문일 것이다. 다음 장에서는 이러한 이질적인 소재를 명확히 분류하여 그 이유를 밝히고 이러한 이질적인 내용의 연결고리가 되는 요소가 무엇인지 알아보고자 한다.

여기서 『다케토리 모노가타리』와 유사한 내용을 담고 있는 『곤자쿠 모노가타리슈(今昔物語集)』의 「여아를 발견하여 양육하는 다케토리 노인」 이야기와의 영향 관계에 대해 간단히 짚고 넘어가고자 한다. 『곤자쿠 모노가타리슈』에는 가구야 히메의 발견과 성장, 귀공자들과 임금의 구혼, 그리고 마지막으로 하늘에서 많은 천인이 내려와 히메를 가마에 태우고 승천해 가는 이야기가 그려지고 있다. 대체로 이야기의 흐름은 『다케토리 모노가타리』와 비슷하지만, 처음부터 마지막까지 구조와 색채에 변화가 없이 일관적인 패턴으로 줄거리가 운반되고 있다. 귀공자는 중신, 전상인(殿上人) 등으로 뭉뚱그려 등장시키고 있으며, 부여되는 난제의 종류와 개수에도 차이가 있다. 여기에는 임금뿐 아니라 귀공자 또한 히메의 용모를 본 것처럼 묘사하고 있으며, 노인과는 무관하게 히메의 소문만을 듣고 행차하는 임금 등,[20] 『다케토리 모노가타리』의 디테일을 『곤자쿠 모노가타리슈』에서는 찾기 어렵다.

물론 분량에서 차이가 나는 만큼 『곤자쿠』를 원형으로 하여 살이 붙여졌다고도 볼 수 있겠으나, 『다케토리 모노가타리』가 복수의 전설 또는 설화의 집합체라는 점을 고려하면 오히려 『다케토리 모노가타리』에

20 「竹取翁見付女児養語第三十三」, 馬淵和夫他校注 · 訳 『今昔物語集四』, 日本古典文学全集, 小学館, 1976, pp. 631-635

서 『곤자쿠 모노가타리슈』로 내용이 축소되었다고 보는 것이 타당할 것이다. 특히 귀공자 이야기의 중심이 되는 어원 설화가 『곤자쿠 모노가타리슈』에는 확인되지 않는다. 난제담은 동시대적 어원 설화를 가미하고 있으며, 이는 타 설화와는 달리 창작성이 짙고 현실적이라는 사실을 『곤자쿠 모노가타리슈』의 작자가 간과하고 있는 것으로 판단되며, 난제를 대하는 귀공자들의 인식에 대한 묘사도 다른 부분과 별 차이가 느껴지지 않는다. 즉 현실과 비현실에 대한 인식이나 자각이 전혀 나타나 있지 않으며, 서로 이질적인 설화를 엮어 하나의 모노가타리로 구성한 『다케토리 모노가타리』 작자의 고민이 전혀 반영되지 않았다고 볼 수 있다.

4. 현실과 비현실의 연결고리

가구야 히메의 발견과 성장에서 귀공자들의 구혼으로 이어지는 부분에는 많은 남성의 '요바이(夜這い)' 행위가 그려지고 있으며, 성인이 된 여자는 '결혼'이라는 통과의례를 통해 남자와 함께 가정을 이뤄야 한다는 법도를 강조하는 노인의 집요한 요구가 뒤따르고 있다. 즉 가구야 히메의 성장에서 귀공자들의 구혼으로 넘어가는 부분에 결혼이라는 연결고리가 사용되고 있다.

이 세상 사람은 누구나 남자는 여자를 만나고, 여자는 남자를 만나게 되어 있습니다. 그렇게 결혼함으로써 집안이 번영하는 것입니다. 어찌 결혼하지 않고 살 수 있겠습니까?[21]

노인은 가구야 히메가 보통 인간과 다른 존재라고 해도 어른이 된 이상 결혼하지 않으면 안 된다는 지상의 규범을 적용하여 가구야 히메를 인간 세상, 즉 현실 세계로 끌어들이고 있는 것을 알 수 있다. 이로써 이야기는 인간인 귀공자들과 연결되는 구조를 만들 수 있게 된다. 그러면서 모노가타리는 자연스럽게 새로운 장으로 이동한다.

다섯 귀공자께서 오랫동안 지극정성으로 구혼한 것을 신중히 생각해 보고, 그중 한 분과 결혼하세요.[22]

이렇게 결혼을 매개로 '다섯 귀공자의 구혼담'으로 연결하여 이야기에 흥미를 더하고 있다. 구혼담은 작품의 중심부에 위치하여 가장 긴 모노가타리를 형성하고 있다. 초반부와 중반부는 성인이 된 가구야 히

---

21 この世の人は男は女と結ばれ、女は男と結ばれることになっています。そのように結婚して後、一門が繁栄するのです。どうして、結婚もせずにおられましょうや。(p.22)

22 五人の方々が長い年月、このように熱心に通い続けておっしゃることを、よくよく考えて、どなたかお一人と結婚なさいませ。(p.23)

메의 피할 수 없는 통과의례로써의 결혼이 연결고리가 되고 있는데, 실제로 다섯 귀공자의 이야기는 구혼담이 주가 아니라 오히려 난제담이 중심인 것을 알 수 있다. 다시 말해서 구혼담은 초반부와 중반부를 연결하는 매개체 역할을 할 뿐이다.

또 한 가지, 중반부의 난제 속 보물은 전술한 것처럼 이 세상에 존재하지 않는 상상 속의 물건들로, 가구야 히메의 발견과 성장에 보이는 초반부의 초자연적인 내용을 잇는 소재로 사용하려는 의도가 엿보인다. 즉, 난제 속에 등장하는 이 세상에 존재하지 않는 전설 속의 보물은 비현실적인 소재로, 초반부와 종반부의 가구야 히메의 발견과 승천이라는 초자연적인 요소를 이어주는 최소한의 연결고리로 사용하고 있는 것을 알 수 있다. 그러나 난제는 각 귀공자에게 부여하는 순간부터 해결할 수 없는 것이라는 사실을 가구야 히메 본인도 인식하고 있으며, 노인과 귀공자뿐 아니라 그 외의 등장 인물들에게도 구하기 힘든 물건이라는 인식이 전제되고 있다. 난센스 퀴즈를 풀 듯 귀공자들은 각각 궁리와 책략과 돈과 무모함과 성실 등, 나름의 방법으로 난제를 해결하여 뜻을 성취하려는 모습이 보인다. 그러나 예상대로 난제는 실패로 끝나고 귀공자들의 구혼담은 마무리된다.

그리고 구혼담은 지상 최고의 권력자인 임금의 구혼으로 이어진다. 역시 인간인 임금과의 만남도 결혼이라는 법도를 연결고리로 적용하고 있다. 결혼이라는 표현은 없지만 '입궁'이나 '후궁'이라는 표현이

반복되고 있는 것으로 보아 임금 역시 '결혼'을 매개로 가구야 히메와 연결되고 있는 것을 알 수 있다.

> (임금님은) 가구야 히메를 입궁시키려는 생각을 접으려 했지만, 역시 단념하지 못하시고, (p.58)

히메의 완강한 거부에 부딪혀 직접 히메의 집으로 찾아온 임금은 노인의 도움으로 히메를 만나지만, 히메와 '눈을 맞추는[23]' 만남은 이루지 못한 채 아쉽게 궁으로 돌아가게 된다.

가구야 히메는 지상 세계의 사람이 아니므로 인간인 귀공자 또는 임금의 구혼은 애당초 실패로 끝날 수밖에 없는 것이다. 따라서 결혼하지 않는 가구야 히메는 결국 초인으로서 승천이라는 결말을 맞이해야 하는 운명이다. 만약 누군가와 결혼했다면 이야기는 거기서 종결을 짓는 구조로 마무리되었을 것이다.

---

23 신화나 모노가타리 속에서 눈을 맞추는 행위는 혼인으로 이어지는 동기가 된다. 예를 들어 오오쿠니누시(大国主神)는 자신을 죽이려 하는 형제 신들을 피하여 스사노오(須佐之男)가 있는 네노쿠니(根国)로 도주해 오는데, 그를 처음 맞은 것은 스사노오의 딸 스세리비메(須勢理毘売)이고, 둘은 눈이 맞아 결혼한다.「かれ、詔命のまにまに須佐之男命の御所に参到れば、その女須勢理毘売出で見て、目合して相婚ひまして(次田真幸『古事記(上)全訳注』講談社学術文庫, pp. 117-118)」

각 장을 이어주는 또 하나의 매개체는 '소문'이다. 다섯 귀공자는 소문을 통해 가구야 히메에 대해 관심을 두게 되고, 구혼하기에 이른다.

> 세상의 남자라는 남자는 신분의 높고 낮음에 관계없이, "어떻게든 가구야 히메를 아내로 맞아 곁에 두고 오래도록 함께하고 싶다." 라고 말하며, 소문에 애를 태우고 마음을 졸였다.[24]

임금 또한 다섯 귀공자와 관련한 소문을 통해 이야기 속에 등장한다.

> 어느 날, 임금님께서 가구야 히메의 얼굴이 세상에 비길 데 없이 아름답다는 소문을 들으시고,[25]

내시 후사코에게 가구야 히메의 용모를 보고 오라는 명을 내린다. 그러나 임금의 명을 받고 온 후사코는 가구야 히메의 완강한 거부에 부딪혀 얼굴조차 보지 못하고 돌아간다. 결국 임금은 노인과 모의하여 직접 가구야 히메를 만나러 오기에 이른다. 그렇게 히메를 만나러 온 임금은 멀리서 히메의 모습을 엿보고,

---

24 世の中の男という男は、身分の高い人も低い者も、(中略)噂に聞いて、思い焦がれて心を乱す。

25 さて、かぐや姫は、容貌が世に類ないほど美しいことを、帝がお聞きになられて。

소문으로 듣던 가구야 히메가 바로 이것이구나. (p.61)

하고 생각한다. 그야말로 '담 틈으로 엿보기(垣間見)' 행위가 임금에게서도 나타나고 있다. 이처럼 임금과의 관계 속에서도 지상에서의 결혼 과정에서 이루어지는 통과 의례적 행위가 전개되고 있음을 알 수 있다.

세 가지의 연결고리와 함께 가구야 히메의 발견과 성장과 구혼과 승천으로 이어지는 모든 장면을 연결하는 존재는 '노인'이다. 즉 노인이 현실과 비현실의 세계를 연결해 주는 역할을 하고 있다. '노인(翁)'이 인간과 초인 혹은 영적 존재의 가교역할을 하는 인물로 등장하는 예는 노(能)의 '오키나'[26]를 통해서도 알 수 있다. 이른바 '오키나(おきな)'라는 존재의 제사장적 이미지가 『다케토리 모노가타리』 안에도 잘 드러나 있다.[27] 노인은 초인인 가구야 히메를 발견하고, 귀공자들 또는 임금과의 사이에서 이야기를 전하고, 임금과 천인들 사이에서도 매개자의 역할을 하고 있다. 임금의 명령으로 파견되는 여성인 내시 나카토미노 후사

26 小山弘志他『謡曲集(1)』祝祷の歌舞である「翁」は、世阿弥のころにおいてすでに神聖化されていた。(中略)「翁」の場合は、役者はまず役者として登場し、面をつけて翁となり、また面を取って役者にもどる。そして翁の面は (中略) 壇上に神体として祭られる。面そのものが神なのであり、それらをつけたとき、役者は神になるのであった。日本古典文学全集, 小学館, 1973, pp. 6-7

27 小嶋菜温子(1995)『かぐや姫幻想-皇権と禁忌』「翁と姫2竹取翁-神を祭る者」참조 바람. 森話社, pp. 8-12

코도 가구야 히메를 만나려고 하지만 히메의 강한 거부로 만나지 못하고, 결국 노인이 임금과 가구야 히메의 사이에서 서로의 요구를 전달하는 역할을 한다.

- 발견 - 〈노인〉 - 가구야 히메
- 구혼 - 〈노인〉 - 다섯 귀공자
- 구혼 - 〈노인〉 - 임금
- 귀환 - 〈노인〉 - 달세계의 사신

예를 들어 제3장에서 언급한 것처럼 다섯 귀공자의 구혼담 부분에서 가구야 히메는 범인처럼 등장하여 '발견과 성장', 그리고 '임금과의 만남과 승천' 부분과는 다른 모습을 보이고 있지만, 노인은 처음부터 끝까지 일관되게 그려지고 있다.

- (노인) 소중한 나의 딸 가구야 히메여. 당신이 보통 사람과 다르다고는 하지만 (p.21)
- (가구야 히메) 제가 보통 사람과 다르다고 하는 사실도 몰랐고 (p.22)

전술한 것처럼 임금이 구혼할 때 자신은 다른 세계의 사람이므로 절

대 구혼을 받아들일 수 없다고 완강하게 거부하는 가구야 히메지만, 다섯 귀공자와의 난제 관련 구혼담에서는 노인의 요구를 받아들여 난제를 해결하는 사람과 혼인하겠다고 하는 등, 그 정체성에 대해 일관되지 않은 모습을 보인다. 그러나 노인은 자신과 가구야 히메의 관계에 대해서 시종 일관된 사고를 하는 인물로 등장하고 있다. 이와 같은 사실을 통해서도 노인은 몇 가지 설화로 형성되고 있는 이야기의 맥을 잇는 '가타리테(語り手)적' 존재로 등장하고 있다고 보아야 할 것이다.

여기에 한 가지 덧붙이면, 다섯 귀공자의 난제담 중에서 계급이 하위로 내려올수록 가구야 히메가 부여한 난제를 현실로 받아들이는 경향이 강해진다는 점이다. 난제담의 네 번째 인물인 대납언은 하인이나 주민, 뱃사람들조차 상식적으로 받아들이지 않는 '용의 목에 5색으로 빛나는 구슬'을 찾기 위해 직접 배를 타고 바다로 나가는 무모함을 보인다. 한 걸음 더 나아가 난제담의 마지막 인물인 중납언은 처음부터 '제비의 안산 조개'의 존재를 그대로 믿고 온갖 방법을 동원하는데, 직접 바구니를 타고 처마까지 올라갔다가 밧줄이 끊어지고 부뚜막 위에 떨어져 결국 목숨을 잃는 현실감이 매우 옅은 인물로 묘사되고 있다.

이렇게 가구야 히메를 얻을 일념에 누구나가 비상식이라고 여기는 일을 현실로 받아들이는 인물이 등장하여 이들에 의해 구혼담은 자연스럽게 전기(傳奇)적인 내용을 포함한 임금의 구혼담으로 이어진다. 비현실을 현실로 인식하는 인물을 통해서 서로 이질적인 설화를 자연스럽게 연결하려는 의도가 관찰된다.

5. 나오기

『다케토리 모노가타리』는 ‘대나무를 베는 노인 전설’, ‘기인 탄생 설화’, ‘처 얻기 다툼 설화’, ‘어원 설화’, ‘날개옷 전설’ 등의 다채로운 설화를 도입하고 있다. 명칭에서 알 수 있는 것처럼 현실적 소재의 설화와 비현실적 소재의 설화로 구분된다. 그런데 비현실적인 소재를 채용하고 있는 ‘가구야 히메의 발견과 성장’, ‘임금님의 구혼과 히메의 승천’ 부분에서는 화자와 등장인물의 의식에 ‘비현실’에 대한 자각이 보이지 않고, 이야기는 오로지 현실적 감각 하에 전개되고 있는 것을 알 수 있다. 그에 반해 현실 세계 속에 비현실 소재를 의도적으로 섞어서 다루고 있는 ‘다섯 귀공자의 구혼’ 부분에서는 비현실에 대한 명확한 인식이 전제되어 있다.

이렇게 이중적인 서술 구조의 이야기를 엮어 한 편의 모노가타리 작품으로 만들기 위해서 작자는 몇 가지 연결고리를 사용하고 있다. 하나는 ‘결혼’이라는 요소이며, 또 하나는 전설에 등장하는 ‘상상 속의 보물’, 마지막 하나는 ‘소문’이다. 그리고 여기에 ‘노인’이 매개자가 되어 이야기를 하나로 묶는 역할을 하고 있다.

『다케토리 모노가타리』는 다양한 형태의 소설을 파생시키며 일본소설의 조상이 되었다. 그러나 설화적인 성격이 강한 『우쓰호 모노가타리(宇津保物語)』나 『곤자쿠 모노가타리슈』 등의 작품을 제외하면, 대체로 비현실적인 소재를 현실적으로 다루는 소설은 점차 쇠퇴하고 현실적인 소재의 이야기가 바탕이 되는 모노가타리가 계승된다. 『다케토리 모노가타리』는 비현실적인 신화나 설화에서 일본풍의 현실 소설인 모노가타리 문학으로 이행하는 과정에서 견인차 역할을 한 작품으로 평가할 수 있다.

일본의 옛날이야기

제1장.

해파리 사신

1

옛날 옛적 바다 밑에 용왕과 왕후가 훌륭한 궁전을 지어 살고 있었습니다. 바닷속 물고기라는 물고기는 모두 용왕의 위세에 눌려 그의 하인이 되었습니다.

어느 날, 용왕의 부인이 우연한 일로 아주 큰 병에 걸렸습니다. 다양한 방법을 써보고, 좋은 약이라는 약은 다 먹어봤지만, 조금도 효과가 없었습니다. 그 사이에 점점 병세가 위중해져서 오늘 죽을지 내일 죽을지 모르는 상태가 되었습니다.

용왕은 너무나 걱정이 되어 견딜 수 없었습니다. 그래서 모든 바다 생물을 모아놓고

"도대체 어찌하면 좋겠느냐?"

하고 물었습니다. 그러자 그곳에 모인 이들은

"글쎄요……."

하고 서로의 얼굴을 쳐다볼 뿐이었습니다.

그러자 그때, 저 멀리에서 문어가 여덟 개의 다리로 꿈틀꿈틀 기어 나와 머뭇거리며

"저는 온종일 육지로 나가, 인간과 여러 육지 동물의 이야기도 듣고 있습니다만, 무엇보다 살아 있는 원숭이의 생간이 이런 병에는 가장 효과가 있다고 합니다."

하고 말했습니다.

"원숭이의 생간이라는 건 어디에 있느냐."

"여기에서 남쪽으로 가면 '사루가시마'[1]라는 섬이 있습니다. 그곳에는 많은 원숭이가 살고 있다고 하니, 누군가 사신을 보내어 원숭이 한 마리를 잡아 오게 하시면 됩니다."

"오, 그런가?"

그래서 누구를 사신으로 보낼지 상의를 시작했습니다. 그러자 도미가 말하기를

"사신으로는 해파리를 보내는 것이 좋을 듯합니다. 모양은 흉한 놈입니다만, 네 발이 있어 육지 위를 자유롭게 걸어 다닐 수 있습니다."

---

1 '사루(猿)'는 원숭이를, '시마(島)'는 섬을 가리킨다. '사루가시마(猿ヶ島)'는 원숭이가 많이 산다는 전설 속 섬을 말한다. 지명이므로 소리 나는 대로 '사루가시마'라고 썼다.

그렇게 해파리가 불려 나와 사신으로 가게 되었습니다. 하지만 그다지 재치 있는 생물이 아니었기 때문에 용왕이 명령을 내려도 어떻게 해야 할지 몰라 몹시 난처해했습니다.

해파리는 모두를 붙들고 아주 작은 것부터 하나하나 물었습니다.

“원숭이라는 것은 도대체 어떤 모습을 한 동물인가요?”

“원숭이는 얼굴과 엉덩이가 새빨갛고, 보통 나무 위에 올라가 생활하는데, 밤이나 감을 무척 좋아하지.”

“어떻게 하면 그 원숭이를 데려올 수 있을까요?”

“잘 속이면 되겠지.”

“어떻게 속이면 좋을까요?”

“원숭이를 추켜세우고, 용왕님의 훌륭한 궁전을 자랑하고, 맛있는 음식이 무진장이라고 이야기해서 원숭이가 오고 싶어 하게 만드는 거지.”

“하지만 어떻게 바닷속으로 원숭이를 데려올 수 있을까요?”

“그건 네가 업고 와야지.”

“꽤 무겁겠지요?”

“하지만 어쩔 수 없지. 참고 하는 수밖에. 그게 심부름꾼의 임무니까.”

“아, 아, 그렇군요.”

그렇게 해서 해파리는 흐물흐물 바닷속을 헤엄쳐 사루가시마를 향해 나아갔습니다.

2

한참을 가자, 이윽고 저 너머에 섬이 하나 희미하게 보였습니다. 해파리는

'틀림없이 저 섬이 사루가시마일 거야.'

하고 생각하면서 헤엄쳐 마침내 섬에 도착했습니다.

해파리가 육지로 올라가 주위를 둘러보니, 새빨간 얼굴에 새빨간 엉덩이를 가진 동물이 소나무 가지에 걸터앉아 있었습니다. 해파리는

'아하. 저것이 원숭이로구나.'

생각하며 시치미를 떼고 살금살금 나무 옆으로 다가갔습니다.

"원숭이님, 원숭이님, 좋은 날씨네요."

"아아, 좋은 날씨고말고. 그런데 자네는 본 적이 없는 생물인데, 어디에서 오셨나?"

"저는 해파리라고 하는 용왕님의 하인입니다. 오늘은 정말 날씨가 좋아서 무심코 이곳까지 놀러 나왔습니다만, 과연 이 사루가시마는 멋진 곳이네요."

"암. 멋진 곳이고말고. 이 섬은 보는 것처럼 경치는 말할 것도 없고, 밤과 감이 사방에 널려 있으니, 이보다 좋은 곳은 다시 없지."

이렇게 말하며 원숭이가 하늘을 향해 낮은 코를 쳐들고 득의양양한 표정을 짓자, 해파리는 일부러 웃겨 죽겠다는 듯이 배꼽을 잡고 웃기

시작했습니다.

"하하. 물론 사루가시마가 좋은 곳인 것은 맞지만 용궁과는 비교가 안 되지요. 원숭이님은 용궁을 잘 모르니까 그렇게 사루가시마를 자랑하지만, 용궁을 한번 보면 생각이 달라질 겁니다. 여기저기가 금과 은, 그리고 산호로 덮여 있고, 정원에는 일 년 내내 밤과 감은 물론 다양한 과일이 수없이 많이 열리지요."

해파리의 말을 듣고 있던 원숭이는 흥미를 느꼈는지 점점 몸을 앞으로 기울였습니다. 그러다가 결국 나무에서 내려와

"흠, 그렇게 좋은 곳이라면 나도 가보고 싶군."

하고 말했습니다.

해파리는 마음속으로

'옳지 됐다.'

생각하면서

"가신다면 제가 데리고 가 드리지요."

"하지만 난 헤엄을 못 치는데."

"괜찮아요. 제가 업어 드릴 테니. 그러니 자, 갑시다, 갑시다."

"그래? 그럼 부탁해 볼까."

그렇게 원숭이는 해파리의 등에 올라탔습니다. 원숭이를 등에 업은 해파리는 다시 자신이 온 북쪽 바다를 향해 둥실둥실 헤엄치기 시작했습니다. 얼마나 갔을까 갑자기 원숭이가 물었습니다.

"해파리 씨, 해파리 씨. 용궁까지는 아직 멀었나?"

"네, 아직 꽤 가야 해요."

"이거 너무 지루한데."

"마, 조용히 하시고 단단히 잡으세요. 조심하지 않으면 바닷속으로 떨어집니다."

"오, 겁주지 말게나. 알겠으니 잘 부탁하네."

이런 이야기를 주고받다가 해파리는 그다지 영리하지도 않은 주제에 수다스러운 생물이었기 때문에, 잠자코 있을 수 없어

"저기 원숭이님, 원숭이님. 당신은 '살아 있는 간'이라는 걸 갖고 있나요?"

하고 물었습니다.

원숭이는 느닷없이 이상한 걸 묻는다고 생각해

"그건 안 갖고 있는 것도 아니지만, 그런 걸 왜 물어보는 건가?"

"왜냐면 그 살아 있는 간이 저에게 제일 중요한 임무니까요."

"뭐가 중요하다는 건데?"

"아니, 혼잣말입니다."

원숭이는 점점 더 궁금해져서 이유를 듣고 싶어 합니다. 그러자 해파리는 원숭이가 신경을 쓰는 모습에 재미를 느꼈는지 신바람이 나서 원숭이를 놀리기 시작했습니다. 원숭이는 초조해져서

"이봐, 무슨 얘긴지 말해봐."

"글쎄, 어떻게 할까? 말할까, 말까?"

"왜 그런 심술궂은 말로 애를 태우는 거야. 얘기 좀 해 줘."

"그럼 얘기할까요? 사실은 지금 용왕님의 부인이 병에 걸리셔서 위독한 상황이지요. 그래서 원숭이의 생간이란 걸 드시지 않으면 살아날 가망이 전혀 없다고 해서 제가 당신을 데리고 가려고 온 거지요. 다시 말해서 중요한 임무라는 건 당신의 생간을 가져가는 겁니다."

그 말을 들은 원숭이는 이제 죽은 목숨이라는 생각에 두려워지기 시작했습니다. 하지만 바다 위에서는 아무리 떠들어대봤자 소용이 없을 것 같아, 마치 아무렇지도 않은 척,

"뭐야. 그런 이야기였어? 내 생간으로 용왕님 부인의 병이 낫는다고 한다면야 생간 정도는 얼마든지 내어줄 수 있지. 그런데 왜 처음부터 그런 이야기를 하지 않았어? 그런 것도 모르고 생간을 섬에 두고 왔잖아."

"무슨 말이야, 생간을 두고 오다니?"

"그게. 아까 앉아 있던 소나무 가지에 걸어서 말리고 있었거든. 생간은 때때로 꺼내서 빨아 말리지 않으면 더러워져서 말이야."

이렇게 원숭이가 너무 진지한 표정으로 이야기하자 해파리는 그만 속아 넘어가고 말았습니다.

"이런, 참으로 엉뚱한 짓을 했네요. 무엇보다 중요한 생간이 없으면 당신도 궁전으로 데려갈 필요가 없어요."

"아아. 모처럼 나도 용궁에 가는데, 선물이 없으면 체면이 서지 않지.

조금 고생이 되더라도 다시 섬까지 돌아갈 수 없을까? 그러면 생간을 가져갈 수 있을 테니까 말이야."

그러자 해파리는 중얼거리며 원숭이를 등에 업고, 사루가시마로 되돌아갔습니다.

사루가시마에 도착하자, 원숭이는 황급히 해파리의 등에서 뛰어내려 나무 위로 후다닥 올라가 버리고는 다시 내려오지 않았습니다.

"원숭이님, 원숭이님. 도대체 뭘 하는 거예요? 빨리 생간을 가지고 내려오세요."

하고 해파리는 답답한 듯 말했습니다. 그러자 원숭이는 나무 위에서 깔깔 웃기 시작했습니다.

"내가 왜? 그만 돌아가. 오늘 고생 많있어."

하고 말했습니다. 해파리는 화가 나서

"무슨 얘기예요? 그럼, 생간을 준다는 약속은 어떻게 된 거예요?"

"바보 같은 해파리 놈. 자기 간을 내놓는 바보가 세상 어디에 있냐, 간을 빼면 죽게 되는데. 잘 가."

원숭이는 나무 위에서 손가락으로 아랫눈꺼풀을 뒤집어 보이며

"그렇게 가지고 가고 싶으면 이리 올라 와 봐. 못 올라오겠지? 멍청이."

하고 놀리며 해파리를 향해 자신의 빨간 엉덩이를 세 번 두드렸습니다.

아무리 바보 취급을 당해도 어쩔 도리가 없어 해파리는 울상이 되어 용궁으로 돌아갔습니다.

해파리가 용궁으로 돌아오자, 용왕을 비롯한 모든 신하가 기다림에 지친 모습으로

"어떻게 된 것이냐? 원숭이는 어디 있는 것이냐? 생간은 어디 있냐 이 말이다. 어찌 된 것이냐?"

하고 모두 해파리를 에워싸고 다그쳤습니다.

하는 수 없이 해파리는 그럴싸하게 원숭이를 속여 데리고 오다가 도중에 역으로 원숭이에게 속아 일을 그르친 사실을 털어놓았습니다. 그러자 용왕은 얼굴이 새빨개져서 화를 내기 시작했습니다.

"바보 같은 놈. 얼빠진 놈. 멍청이 같은 놈. 여봐라, 이놈의 뼈가 없어질 때까지 때리고 때려서 혼을 내주어라."

그렇게 도미, 넙치, 가자미, 성대 등 많은 물고기가 몰려와 도망쳐 다니는 해파리를 잡아 한가운데에 꿇어앉히고는

"이 수다쟁이 녀석! 이 주제넘은 놈! 이 얼빠진 놈!"

하며 저마다 비난을 퍼붓고 엉망으로 때려눕혔습니다. 그러자 해파리의 몸은 뼈가 점점 휘어, 지금처럼 눈도 코도 뼈도 없는 흐물흐물한 생물이 되어 버렸습니다.

〈해제〉

동물 간 갈등을 주제로 한 옛날이야기다. 「원숭이의 생간(猿の生き肝)」, 「뼈 없는 해파리(くらげ骨なし)」라는 제목으로도 불리는데, 보통 '용왕의 부인이 중병에 걸려 원숭이의 생간을 먹으면 낫는다고 한다'라는 내용으로 이야기가 시작된다. 책에 따라서는 거북이가 용왕의 명령을 받고 원숭이를 속여 데리고 오지만, 문지기인 해파리가 원숭이의 생간이 필요해서 데리고 온 것이라고 가르쳐 주는 바람에 원숭이는 꾀를 내이 간을 나무에 널어놓고 왔다고 꾸며대며, 돌아가서 생간을 가지고 오겠다고 하고는 그대로 도망가 버린다. 해파리는 비밀을 발설했다는 이유로 뼈를 뽑히는 징벌을 받는다는 식의 이야기도 있다. 이렇게 책에 따라 전개 양상에 다소 차이가 있다. 이 책에서는 처음부터 거북이가 아니라 해파리가 원숭이를 데리고 오는 임무를 맡는다.

이야기는 에도 시대 중기의 아카혼(赤本)[2]인 「원숭이의 생간(猿のいきぎも)」이라는 이름의 문헌에 보이는데, 메이지(明治) 시대 이후에도 그림책(絵本)이나 읽을거리(読み物)로 널리 보급되었으며, 홋카이도의 아이누

2 에도 시대 중기에 간행된 빨간색 표지의 그림 중심의 어린이용 이야기책

민족에게까지 전해졌다고 한다. 시대를 거슬러 올라가면 고대 인도의 산스크리트 문학 안에도 유사한 이야기가 발견되는데, 『자타카』나 『판차탄트라』[3] 이야기는 한문 번역 경전에도 수록되어 있다. 일본 헤이안(平安) 시대 말기에 쓰인 『곤자쿠 모노가타리슈(今昔物語集)』에는 천축(당시 인도를 가리키는 말) 관련 내용으로 경전에서 번안되었을 것으로 추정되는 이야기가 수록되어 있다. 가마쿠라(鎌倉) 시대의 『샤세키슈(沙石集)』에도 발견되며, 일본에서는 불교 설화로 전래한 것이 옛날이야기로 유포되었을 것으로 추정된다. 원숭이의 생간을 얻으려는 이유를 처가 회임하여 입덧이 심해 색다른 것을 먹고 싶어 했기 때문이라는 식의 이야기 형태가 발견되기도 한다.

유사 형태는 인도 외에 미얀마의 샨인, 중국의 티베트, 베트남, 한국 등, 동아시아에 걸쳐 분포한다. 이들도 인도 문화의 영향 아래에서 전래한 것으로 추정된다. 인도네시아에서는 『판차탄트라』의 번역서 『카리라와 다미나 이야기(カリラとダミナの物語)』로 알려져 있고, 서아시아에서도 『판차탄트라』의 번역서인 『가리라와 디므나 이야기(カリーラとディムナの物語)』의 시리아어 번역과 아라비아어 번역으로 전해지고 있으며, 유대인의 전승 안에도 확인된다. 유럽에서는 헝가리나 아라비아에서도

---

3 다섯 편으로 구성된 교훈담. 우화에 맡겨 바라문 승이 젊은 세 왕자에게 친구, 전쟁과 평화, 소득, 사려 없는 행위에 대해 가르친다는 식의 이야기.

발견되며, 서인도제도의 푸에르토리코의 스페인계 주민 사이에서도 유사 형태가 확인되는데 그 숫자는 적다. 유럽으로는 서아시아에서 전래한 것으로 추정된다. 아프리카 동해안의 작은 군도인 잔지바르에 전하는 유사한 이야기도 산스크리트 문학이 원류인 것으로 파악된다.

제2장.

원숭이와 게의 전쟁

1

옛날 옛적 어느 곳에 원숭이와 게가 살았습니다.

어느 날 원숭이와 게는 날씨가 좋아 함께 놀러 나갔습니다. 길을 가다가 원숭이가 산길에서 감 씨앗을 하나 주웠습니다. 또 한참을 가다가 이번에는 게가 강가에서 주먹밥을 주웠습니다.

"이렇게 좋은 걸 주웠어."

하고 게가 원숭이에게 보여주었더니

"나도 이렇게 좋은 걸 주웠어."

하고 원숭이도 감 씨앗을 보여주었습니다, 그렇지만 원숭이는 사실 주먹밥이 너무나 먹고 싶었습니다. 그래서 게에게

"어때, 이 감 씨앗과 바꾸지 않을래?"

하고 말했습니다. 그러자

"하지만 주먹밥이 더 크잖아."
하고 게가 말했습니다.
"그래도 감 씨앗은 심으면 싹이 나와 나무가 되고 맛있는 열매가 열려."
하고 원숭이가 말했습니다. 그 말을 들으니, 게는 감 씨가 갖고 싶어져
"그것도 그렇네."
하고 말하며, 결국 큰 주먹밥과 작은 감 씨앗을 바꿨습니다. 원숭이는 게를 보기 좋게 속여 주먹밥을 건네받아 보란 듯이 우적우적 맛있게 먹고는
"게야 잘 있어, 잘 먹었어."
하고 어슬렁어슬렁 자기 집으로 돌아갔습니다.

2

게는 감 씨앗을 곧바로 마당에 심었습니다. 그리고
"어서 싹을 틔워라, 감 씨앗아. 싹을 틔우지 않으면 집게발로 싹둑 잘라 버릴 거야."
하고 말했습니다. 그러자 얼마 지나지 않아 귀여운 새싹이 '쏙' 하고 올라왔습니다. 게는 그 싹을 향해서 매일 매일
"어서 나무가 돼라, 감 새싹아. 자라지 않으면 집게발로 싹둑 잘라 버릴

거야."

하고 말했습니다. 그러자 감의 새싹이 쑥쑥 자라 큰 나무가 되어 가지가 나오고 잎이 무성해지고, 이윽고 꽃이 피었습니다.

그러자 게는 그 나무를 향해서 매일 매일

"어서 열매를 맺어라, 감나무야. 안 그러면 집게발로 싹둑 잘라 버릴 테다."

하고 말했습니다. 그랬더니 감나무에 이내 열매가 잔뜩 달려, 볼 때마다 나날이 빨갛게 익어갔습니다. 게는 그것을 아래에서 올려다보며

"맛있어 보이네. 빨리 하나 먹어보고 싶다."

하고 손을 뻗었습니다. 하지만 키가 작아 어림도 없었습니다. 그래서 어떻게든 나무 위로 올라가려고 안간힘을 써 봤지만, 옆걸음질이었기 때문에 아무리 오르려 해도 자꾸 떨어지고 마는 것이었습니다. 어쩔 수 없어 게는 절반은 포기한 상태였지만, 매일매일 분한 생각이 들어 나무 아래서 위를 올려다보고 있었습니다.

그런 어느 날 원숭이가 찾아와 열매가 주렁주렁 달린 감나무를 바라보며 군침을 흘렸습니다. 이렇게 먹음직스러운 열매가 달릴 줄 알았더라면 주먹밥과 맞바꾸는 게 아니었는데, 하고 생각했습니다.

그 모습을 보고 있던 게가

"원숭이야, 쳐다만 보지 말고 올라가서 따주지 않을래? 대신 감을 조금 나눠 줄 테니까."

하고 말했습니다. 그 말을 들은 원숭이는

'옳거니!'

하고, 내심 좋으면서도 태연한 얼굴을 하고

"좋아, 따줄 테니까 기다리고 있어."

하고 말하고는 아주 쉽게 나무 위로 올라갔습니다. 그러고는 가지와 가지 사이에 걸터앉아 먹음직스러운 빨간 감을 한 개 따더니 들으라는 듯

"정말 맛있는 감이군."

하고 우적우적 먹기 시작했습니다. 게는 부러운 듯 나무 아래에서 바라보고 있다가

"이봐, 이봐, 혼자만 먹지 말고 어서 나한테도 따서 던져 줘."

하고 말하자, 원숭이는

"알았어, 알았어."

하고 말하면서 일부러 덜 익은 감을 따서 아래로 던졌습니다. 게는 허겁지겁 감을 주워 먹었습니다. 그런데, 너무 떫어서 입이 삐뚤어질 것 같았습니다. 그래서 다시 게가

"이봐, 이렇게 떫은 거 말고 좀 더 익은 걸로 따 줘."

하고 말하자 원숭이는

"그래, 그래."

하고 처음 것보다 더 안 익은 감을 따서 밑으로 던졌습니다. 그러자 게가

"이번 것도 역시 떫어서 못 먹겠어. 진짜 단 것으로 따 줘."
하고 말했습니다. 원숭이는 귀찮다는 듯
"좋아, 그럼 이건 어때?"
하고 가장 파랗고 딱딱한 감을 따서 위를 올려다보며 기다리고 있던 게의 머리를 향해 힘껏 던졌습니다. 피할 겨를도 없이 순식간에 감에 맞은 게는
"악!"
비명을 지르며 쓰러졌습니다. 등딱지를 정통으로 맞은 게는 눈알이 뒤집힌 채 죽고 말았습니다. 원숭이는
"꼴 좋다."
하고 말하며 단감을 독차지하고 배가 터질 정도로 먹은 후, 양손에 다 들 수 없을 만큼 많은 감을 안고 뒤도 돌아보지 않고 서둘러 도망쳤습니다.

원숭이가 떠난 후, 얼마 지나지 않아 친구와 함께 마을 뒤 개울에 놀러 갔던 새끼 게가 돌아왔습니다. 그런데 이게 웬일입니까. 돌아와 보니 감나무 아래에 등딱지가 깨진 채 부모 게가 죽어 있었습니다. 그것을 본 새끼 게는 어쩔 줄 몰라 엉엉 울기 시작했습니다.
"대체 누가 이렇게 몹쓸 짓을 한 거야."
하고 주변을 둘러보니 아까까지 그렇게 먹음직스럽게 달려있던 감은 싹 사라지고, 덜 익은 감만 남아있었습니다.
"그래, 원숭이 놈이 내 부모를 죽이고 감을 몽땅 따간 것이 분명해."

게는 분개하며 또다시 엉엉 울기 시작했습니다. 그때 밤톨이 툭 튀어 나와

"게야, 게야, 왜 울고 있니?'
하고 물었습니다. 게는 부모가 원숭이에게 죽임을 당해 원수를 갚고 싶다고 했습니다. 그러자 밤톨은

"못된 원숭이로군. 좋아, 아저씨가 원수를 갚아줄 테니까 울지마."
하고 말했습니다.

그래도 슬픔이 가시지 않는지 새끼 게가 계속 울고 있자, 이번에는 벌이 '붕' 하고 날아와

"게야, 게야, 왜 울고 있니?"
하고 물었습니다.

그러자 새끼 게는 부모를 죽인 원숭이에게 복수를 하고 싶다고 말했습니다. 그러자 벌도

"못된 원숭이로군. 좋아, 아저씨가 원수를 갚아줄 테니 울지마."
하고 말했습니다.

그런데도 새끼 게가 계속 울고 있자, 이번에는 다시마가 느릿느릿 미끄러져 오더니

"게야, 게야, 왜 울고 있니?"
하고 물었습니다.

새끼 게는 원숭이에게 부모를 잃어 원수를 갚고 싶다고 말했습니다.

그랬더니 다시마도

"못된 원숭이로군. 그래그래 아저씨가 원수를 갚아줄 테니 울지마."
하고 말했습니다.

그렇지만 새끼 게는 울음을 그치지 않고 계속 울었습니다, 그러자 이번에는 절구통이 대굴대굴 굴러와서

"게야, 게야, 왜 울고 있니?"
하고 물었습니다.

새끼 게는 원숭이가 부모를 죽여서 원수를 갚고 싶다고 말했습니다. 그러자 절구통도

"못된 원숭이로군. 좋아 좋아 아저씨가 원수를 갚아줄 테니까 울지 마."
하고 말했습니다.

새끼 게는 이제 울음을 뚝 그쳤습니다. 밤톨과 벌과 다시마와 절구통은 한데 모여서 어떻게 게의 원수를 갚아줄까 의논을 시작했습니다.

3

마침내 의견이 정리되어 절구통과 다시마와 벌과 밤톨은 새끼 게를 데리고 원숭이의 집으로 갔습니다. 원숭이는 감을 잔뜩 먹고 배가 불러 소화를 시키기 위해 산에라도 놀러 간 것인지 집에 없었습니다.

“때마침 잘 됐어. 돌아오기 전에 집 안에 들어가 숨어 기다리자.”
하고 절구통이 말하자 모두 찬성하고 각자 숨을 곳을 찾았습니다. 제일 먼저 밤톨이

“나는 여기 숨을게.”
하며 화로의 재 속으로 파고들었습니다.

“나는 여기.”
하고 말하며 벌은 물동이 그늘에 몸을 감췄습니다.

“나는 여기.”
다시마는 문지방 위에 길게 누웠습니다.

“그럼 나는 이 위에 올라가 있을게.”
절구통이 말하며 미닫이 문틀 위로 기어 올라갔습니다.

저녁때가 되자 원숭이는 녹초가 되어 돌아왔습니다. 그러고는 화롯가에 털썩 주저앉아

“아, 목마르다.”
하면서 성급히 주전자에 손을 뻗었습니다. 그때, 잿더미 속에 숨어있던 밤이 툭 튀어 올라 원숭이의 콧등을 힘껏 걷어찼습니다.

“앗, 뜨거워!”
원숭이는 소리치며 콧등을 감싸 쥐고 허둥지둥 부엌으로 뛰쳐나갔습니다. 그리고 화상을 식히려고 물동이 위로 얼굴을 가져간 순간 숨어있던 벌이 ‘붕’ 하고 튀어나와 원숭이의 눈두덩이를 있는 힘껏 찔렀습니다.

"아야!"

하고 원숭이는 소리를 지르며 정신없이 문밖으로 도망쳤습니다. 그런데 도망치다가 그만 문지방 위에 누워있던 다시마를 밟아 주르르 미끄러지며 배를 깔고 넘어졌습니다. 엎친 데 덮친 격으로 문틀 위에서 절구통이 그 위로 '쿵' 하고 떨어져 원숭이는 납작코가 되었습니다.

원숭이의 빨간 얼굴은 완전히 빨개져, 고통에 '으으으……' 신음하면서 손발을 버둥거렸습니다.

그때 마당 한 구석에서 새끼 게가 졸졸 기어 나와

"부모의 원수, 네 죄를 알렸다?"

말하며 집게발을 들어 올려 원숭이의 목을 꽉 죄었습니다.

〈해제〉

동물 사이의 갈등을 주제로 한 옛날이야기다. 원숭이와 게가 길을 걷다가 원숭이는 감 씨를 줍고 게는 주먹밥을 줍는다. 원숭이는 주먹밥이 탐이나 감 씨와 바꾸고 그 자리에서 주먹밥을 먹어 버린다. 게는 감 씨를 받아 심고는 빨리 자랄 것을 재촉한다. 그러자 싹이 나고 자라 나무로 성장하고 열매가 열린다. 하지만 게는 나무 위로 올라갈 수 없어, 원숭이에게 열매를 따 줄 것을 부탁한다. 나무 위로 올라간 원숭이는 잘 익은 열매는 자기가 먹고, 설익은 열매를 던져 게를 죽인다. 집으로 돌아온 게의 새끼가 이 광경을 보고 슬픔에 잠겨 소리내어 운다. 이를 안 밤톨과 벌과 다시마와 절구통이 게를 도와주기로 하고, 원숭이의 집으로 간다. 원숭이가 없는 틈을 타 집 안에 잠입하여 몸을 숨긴다. 이 사실을 모르고 돌아온 원숭이는 화로 위의 주전자에 손을 갖다 댔다가 밤톨이 튀어 올라 화상을 입고, 화상을 식히려고 물동이 있는 곳으로 달려가다가 이번에는 벌에게 쏘인다. 그리고 밖으로 도망치려다가 다시마를 밟아 미끄러지고, 엎친 데 덮친 격으로 문틀 위에서 절구통이 떨어져 그 아래에 깔리고 만다.

에도 시대를 대표하는 5대 옛날이야기 중 하나로, 아카혼(赤本) 등 많은 문헌에서 확인된다. 지금도 여전히 그림책이나 읽을거리로 널리 사랑을 받고 있는데, 조금 색다른 내용을 띠는 것도 있다. 전반부는 원숭이와 게가 공동으로 벼를 심지만, 원숭이는 제대로 협력도 하지 않고, 벼가 익어 추수해서 떡을 찧으면 원숭이가 혼자 떡을 들고 달아나는 식의 이야기다.

이 옛날이야기는 2단으로 구성되어 있으며, 전단은 '동물의 분배 경쟁'에 대한 내용이며, 후단은 '여행하는 동물' 이야기다. 후단의 '여행하는 동물' 이야기는 독일 작가 그림 형제의 전래 동화집 『브레멘 음악대』 등 유럽에도 유사한 이야기가 전해진다. 「원숭이와 게의 전쟁」과는 다소 차이가 있지만, 낳은 알을 빼앗긴 작은 새가 동료들의 협력으로 원수를 갚는다는 내용의 「참새의 복수(雀の仇討)」와 같은 유사한 이야기는 일본 외에 고대 인도의 『판차탄트라』나 중국에도 존재한다. 「원숭이와 게의 전쟁」처럼 동물 간 전쟁의 형식을 띠는 '여행하는 동물' 이야기는 동아시아에서 북아메리카 선주민들 사이에서 많이 발견된다. 주인공과 동물이 협력하는 형태의 이야기는 「모모타로」와 매우 유사하며, 「원숭이와 게의 전쟁」의 후단에는 수수경단 등의 소재를 도입한 유형도 확인되어 「모모타로」 이야기와의 교류도 짐작할 수 있다. 즉 일본에서 복합적으로 발전한 이야기 형태로 파악된다.

제3장.

차 솥으로 둔갑한 너구리[4]

1

옛날 고즈케 지방(上野国)의 다테바야시(館林) 마을에 모린지(茂林寺)라고 하는 절이 있었습니다. 그 절의 주지승은 다도를 무척 좋아해서, 여러 가지 별난 차 도구를 수집하여 매일 그것을 만지며 즐거워했습니다.

어느 날 주지승은 볼일이 있어서 읍내로 나갔다가 돌아오는 길에 골동품 가게에 들렀습니다. 그런데 운 좋게 마음에 드는 모양의 차 솥을 발견했습니다. 주지승은 얼른 그것을 사서 돌아와 방안에 장식하고는 날마다

---

4 군마현 다테바야시 모린지 절에 전해지는 차 솥으로, 원제는 〈文福茶がま(ぶんぶくちゃがま, 분부쿠 차 솥)〉로, 차 끓는 소리가 '분부쿠'라는 것에서 유래했다는 설과 복(福)을 나눈다는 의미에서 '分福茶がま'라고 표기하기도 한다.

"어떻소. 제법 괜찮은 차 솥 아니요?"
하고 말하며, 방문하는 사람들에게 보이며 자랑했습니다.

어느 날 밤 주지승은 여느 때와 마찬가지로 안방의 방석 위에 차 솥을 놓은 채 옆에서 꾸벅꾸벅 졸고 있다가 그만 잠이 들었습니다.

주지승의 방이 너무 조용해서 동자승들은 무슨 일인가 싶어 벌어진 장지문 틈으로 슬며시 안을 엿보았습니다. 그런데 이게 웬일입니까? 스님 옆 방석 위에 놓여 있던 차 솥이 혼자서 꿈틀꿈틀 움직이기 시작했습니다.

"어라?"
하는 순간, 차 솥에서 머리가 쑥 튀어나오더니, 그다음에는 굵은 꼬리가 빠져나오고, 마침내 네 개의 다리가 삐져나와서는 방안을 어슬렁어슬렁 걸어 다니기 시작했습니다.

동자승들은 깜짝 놀라 방문을 열고 뛰어 들어가
"아이고, 큰일났다. 차 솥이 둔갑했다!"
"스님, 스님. 차 솥이 걸어 다녀요."
하고 하나같이 이상한 소리를 하며 떠들어댔습니다. 그 소리에 주지승은 잠에서 깨어
"시끄럽다. 왜 이리 소란을 떠는 것이냐?"
하고, 눈을 비비며 일어나 동자승들을 꾸짖었습니다.
"하지만 스님, 보십시오. 저기, 저기 차 솥이 걸어 다닙니다."

정색하고 말하자, 주지승도 동자승들이 가리키는 쪽으로 눈을 돌려 보았습니다. 하지만 차 솥은 어느새 머리도 다리도 꼬리도 모두 감추고 평범한 차 솥이 되어 이불 위에 가만히 놓여 있었습니다. 그러자 스님은 화를 내며

"뭐 하는 짓이냐, 허튼소리도 유분수지."

"이상하다. 분명히 둔갑해서 걷고 있었는데……."

이렇게 말하며 동자승들은 이상하다는 듯 차 솥 있는 곳으로 다가가 두드려 보았습니다. 차 솥은 '땡' 하고 울렸습니다.

"그것 봐라. 그냥 차 솥이 아니냐. 쓸데없이 모처럼 기분 좋게 자는 것을 깨우지 않았느냐."

주지승에게 호되게 꾸지람을 들은 동자승들은 풀이 죽어 궁얼거리며 물러갔습니다.

다음날 주지승은

"모처럼 차 솥을 사 왔는데 쳐다만 보고 있으니 지루하군. 오늘 한 번 사용해 봐야겠다."

말하며 차 솥에 물을 부었습니다. 그러자 작은 차 솥 주제에 한숨에 물을 벌컥 들이켰습니다.

주지승은 뭔가 조금 이상하다고 생각했지만, 딱히 달라진 것은 없었기 때문에 안심하고 차 솥에 물을 붓고 화로에 얹었습니다. 그런데 잠시 후 차 솥 바닥이 뜨거워지자, 차 솥이 별안간 "앗, 뜨거워!"하고 소리

치며 화로 밖으로 뛰쳐나왔습니다. 주지승이 깜짝 놀라 바라보고 있으려니까 차 솥에서 너구리의 머리가 나오고, 네 다리와 굵은 꼬리가 빠져나와 어슬렁어슬렁 방안을 돌아다니기 시작했습니다. 그러자 스님은 "으악!" 하고 비명을 지르며 벌떡 일어났습니다.

"큰일났다, 큰일났어! 차 솥이 괴물로 변했다. 누가 이리 좀 오너라."

주지승이 허둥대며 큰 소리로 외치자, 동자승들이

"봐봐, 결국 터졌어."

하고 말하며 맞은편 처마 밑에 있던 빗자루와 먼지떨이를 들고 뛰어들었습니다. 그러나 이번에도 원래 모양이었던 차 솥으로 돌아와 이불 위에 시치미를 떼고 앉아 있었습니다. 두드리면 역시 "땡, 땡" 하고 울렸습니다.

주지승은 여전히 놀란 표정으로

"어쩐지 좋은 차 솥을 얻었다고 생각했는데, 얼토당토않은 물건을 사들였구나. 도대체 이게 무슨 일인지……."

이렇게 혼란스러워하고 있을 때, 문밖에서

"고물 삽니다, 고물 사요."

하는 소리가 들려왔습니다.

"아, 때마침 고물상이 왔구나. 이런 차 솥은 어서 고물상에게 팔아 버려야지."

주지승은 이렇게 말하며 즉시 고물상을 불렀습니다.

고물상은 스님이 건넨 차 솥을 손에 들고 쓰다듬어 보기도 하고, 두드려 보기도 하고 뒤집어 바닥까지 살펴보고는

"이거 제법 괜찮은 물건인데요."

하고 말하며, 차 솥을 사서 고물 함에 넣어 가져갔습니다.

2

차 솥을 산 고물 장수는 집으로 돌아와서도 싱글벙글 웃으며

"이건 요즘 보기 드문 진귀한 물건이다. 어떻게든 차 도구를 좋아하는 부자를 만나 비싼 가격에 팔아 버리자."

혼잣말을 중얼거리며 그날 밤은 소중한 차 솥을 머리맡에 두고 깊은 잠에 빠졌습니다. 그런데 밤 깊은 시각에 어디선가

"이보시오, 고물 장수, 고물 장수!"

하고 부르는 소리가 들렸습니다. 고물상이 퍼뜩 눈을 떠보니 머리맡에 두었던 차 솥이 어느샌가 털이 덥수룩한 머리와 굵은 꼬리를 내밀고 오도카니 앉아 있었습니다. 고물 장수는 깜짝 놀라 벌떡 일어났습니다.

"아이고, 이거 큰일 났구나. 차 솥이 괴물이었어!"

"고물 장수님, 그렇게 놀랄 필요 없습니다."

"어찌 놀라지 않을 수 있겠느냐? 차 솥에 털이 나고 걸어 다니기까지

하는데 어느 누가 놀라지 않겠느냐. 도대체 넌 뭐냐?"

"저는 분부쿠 차 솥이라 하여, 사실은 너구리가 둔갑한 차 솥입니다. 어느 날 들판에 나가 놀고 있는데 대여섯 명의 남자들이 쫓아와 어쩔 수 없이 차 솥으로 둔갑해 풀숲에서 뒹굴고 있었는데, 또다시 그 사내들이 찾아내어 이번에는 '차 솥이다, 차 솥이다.' 하고 말하며, 좋은 물건이 손에 들어왔으니 팔아서 맛있는 음식을 사 먹자고 하는 겁니다. 그래서 나는 골동품상에 팔려 가, 가게 앞에 놓여 그 이상은 없을 곤욕을 치러야 했습니다. 게다가 아무것도 먹지 못해서 배가 고파 죽을 지경일 때 절의 주지승에게 팔려 갔습니다. 절에서는 겨우 작은 바가지로 물을 하나 주길래 단숨에 벌컥 들이키고 숨을 돌렸는데, 갑자기 화로 위에 올려져 엉덩이가 익는 순간에는 정말 깜짝 놀랐습니다. 더 이상 그런 곳은 지긋지긋합니다. 당신은 착하고 친절한 분인 것 같으니, 잠시 저를 집에 두고 돌봐 주시지 않겠습니까? 꼭 보답하겠습니다."

"그래, 그래. 집에 두는 것 정도라면 어려울 게 없지. 그런데 보답이라니 무엇을 할 생각이냐?"

"그러니까, 구경거리로 여러 가지 재미있는 재주를 부려서 당신에게 돈을 벌게 해 드리지요."

"음, 재주라니 어떤 재주를 부릴 수 있다는 말이냐?"

"예를 들어, 줄타기 곡예라든가, 분부쿠 차 솥의 신나는 춤을 출 수 있지요. 고물상 따위는 이제 집어치우시고 공연을 주관하는 사람이 되세요. 내일부터 돈을 잔뜩 벌게 될 것입니다."

이 말을 듣고 고물 장수는 귀가 솔깃해졌습니다. 그렇게 차 솥이 권하는 대로 고물 가게를 그만두었습니다.

다음날 동이 트자마자 고물 장수는 즉시 공연 준비에 들어갔습니다. 우선 마을 번화가에 곡예를 할 만한 오두막을 한 채 지어 분부쿠 차 솥이 연기하는 줄타기 장면과 신나는 춤사위 장면을 큰 간판에 그려 달고 선전을 하기 시작했습니다. 그리고 출입구에 앉아서 큰 소리로

"자, 자, 그 유명한 분부쿠 차 솥에서 털이 나고, 팔다리가 나오고, 가벼운 줄타기 묘기부터 신명 나는 춤사위까지, 차 솥의 신기한 재주가 보고 싶다면 지금 바로 오세요! 신기하구나, 신기해!"

하고 외쳤습니다.

길거리에 있던 사람들이 이상한 그림의 간판과 남자의 흥미로운 말에 이끌려 줄지어 들어와 오두막 안은 금세 발 디딜 틈도 없이 가득 들어찼습니다.

이윽고, 공연의 시작을 알리는 딱따기가 울리고 막이 오르자, 분부쿠 차 솥이 어슬렁어슬렁 무대 뒤에서 걸어 나와 인사를 합니다. 구경꾼들이 보니 눈앞에 있는 것은 생각지도 못한 커다란 차 솥에 다리가 달린 괴물이어서 모두 놀라 탄성을 지르고 눈을 동그랗게 떴습니다.

그것만으로도 신기한데, 그 차 솥 괴물이 양쪽 손에 우산을 받쳐 들고 거기에다가 부채까지 펴 들고는 밧줄 위에 두 다리를 걸쳤습니다.

그러고는 큰 몸을 장단에 맞춰 중심을 잡으며 요령 있게 줄을 타는 것이었습니다. 그렇게 순조롭게 한 곡을 끝내자, 구경꾼들은 감탄하여 오두막이 떠나갈 정도로 큰 갈채를 터트렸습니다.

그렇게 분부쿠 차 솥이 새로운 재주를 피로(披露)할 때마다 사람들은 크게 기뻐하며 입을 모아

"이런 재밌는 구경거리는 난생처음이야."

하고 말하며, 공연이 끝나자, 구경꾼들은 만족스러운 표정으로 흩어져 돌아갔습니다. 그 뒤로 분부쿠 차 솥의 평판은 사방으로 퍼져나가 근방에 사는 사람은 말할 것도 없고, 먼 지방에서도 일부러 짚신을 신고 구경 오는 사람들로 매일 매일 장사진을 이루어 고물 장수는 곧 큰 부자가 되었습니다.

그러던 중 고물 장수는

'언제까지고 이렇게 분부쿠 차 솥 덕만 볼 수도 없는 노릇이니, 이젠 쉬게 해주자.'

하고 생각했습니다. 그래서 어느 날 분부쿠 차 솥을 불러

"너는 지금까지 충분히 일할 만큼 일해 주었고, 네 덕에 나는 큰 부자가 되었다. 인간의 욕심은 끝이 없다 하니, 나는 너를 오늘부로 구경거리로 내세우는 일을 그만두고, 너를 사 온 모린지 절에 보내려 한다. 대신 이번에는 스님에게 부탁해서 보통 차 솥처럼 화로에 올려 화상을 입는 일이 없도록 하고, 보물로 삼아 비단 이불 위에 앉혀 안락하게 살게

하려는데 어떻게 생각하느냐?"

그렇게 묻자, 분부쿠 차 솥은

"그럼, 저도 이제 많이 지쳤으니, 이쯤에서 잠시 쉴까요?"

하고 말했습니다.

그래서 고물 장수는 분부쿠 차 솥과 공연을 해서 번 돈의 절반을 가지고 모린지 절의 주지승에게 갔습니다.

주지승은

"오, 그래? 그거 기특하군."

하면서 차 솥과 돈을 받았습니다.

분부쿠 차 솥도 피로가 쌓여 있던 탓인지, 그 뒤로는 팔다리가 빠져나와서 춤을 추는 일도 없었고, 이 절의 보물이 되어 오늘날까지 전해지고 있다고 합니다.

〈해제〉

군마현(群馬県) 다테바야시(館林)의 모린지(茂林寺)라는 절에 전해지는 차 솥 이야기로 널리 알려져 있다. 동자승이 차 솥을 닦으려니까 차 솥이 느닷없이 아프니까 살살 닦으라고 말하고, 솥을 불 위에 올려놓자 뜨겁다고 소리치며 다리가 쑥 빠져나와 너구리의 정체를 드러내고 도망간다는 식의 이야기다. 어린이를 위한 우스꽝스러운 이야기(笑話)로 전해지지만, 이러한 이야기 형태는 에도 시대의 아카혼(赤本) 등의 영향으로 보이는데, 원래는 동물의 보은을 주제로 한 옛날이야기다. 각지의 전승을 요약하면, 가난한 할아버지가 괴롭힘을 당하던 여우를 구해준다. 이튿날 이 여우는 할아버지가 있는 곳으로 와서 자신이 차 솥으로 둔갑할 테니 절에 팔아 돈벌이를 하라고 일러준다. 여우가 일러준 대로 할아버지는 절에 차 솥을 판다. 그런데 팔려 간 차 솥은 다시 여우로 변해 할아버지에게로 되돌아온다. 그러고는 이번에는 유녀와 말로 둔갑하여 팔려 가는 식으로 할아버지에게 은혜를 갚는다는 내용의 옛날이야기다. 동물의 보은을 주제로 한 이야기는 「학의 보은(つる女房)」, 「혀 잘린 참새(舌切りすずめ)」 등, 일본의 옛날이야기 안에 다수 존재한다. 그것은 인간과 동물의 현실적인 관계를 다루는 이야기로서 옛날이야기

안에 정착해 온 것으로 추정된다.

모두부에서 소개한 것처럼, 이 차 솥 이야기는 군마현(群馬県) 다테바야시(館林)의 모린지(茂林寺) 절에 있는 '분부쿠 차 솥'에서 유래한다. 일찍이 에도 시대의 『갓시야와(甲子夜話)』라는 문헌에서 절의 기원담으로 소개되었다. 이 사찰의 슈카쿠(守鶴)라는 이름의 승려가 당직을 설 때 따라도 따라도 물이 줄지 않는 차 솥으로 손님에게 차를 대접했다는 사실로 유명해졌다. 그러나 슈카쿠는 너구리의 화신이라는 사실이 발각되어 그곳을 떠나고, 차 솥은 절의 보물로 현재까지 남아있다는 전설이다.

제4장.

꽃 피우는 할아범

1

옛날 옛적 어느 곳에 할아버지와 할머니가 살고 있었습니다.

정직하고 마음씨 착한 할아버지와 할머니였지만, 아이가 없었기 때문에 기르는 개 '시로'를 정말 자신들의 자식처럼 아끼고 귀여워했습니다. 시로도 할아버지와 할머니를 잘 따랐습니다.

그런데 옆집에도 한 할아버지와 할머니 부부가 살고 있었습니다. 이쪽은 심술 사나운 욕심쟁이 할아버지와 할머니였습니다. 옆집에서 기르는 시로를 미워하고 더럽다고 여겨 항상 몹쓸 짓을 일삼았습니다.

그런 어느 날, 마음씨 착한 할아버지가 평소처럼 괭이로 밭을 고르고 있을 때 할아버지를 따라 나온 시로는 그 근방을 킁킁거리며 냄새를 맡고 있었습니다. 그런데, 갑자기 할아버지의 옷자락을 물고 밭 구석의 커다란 팽나무 아래로 데리고 가더니 앞발로 땅을 파헤치면서

"여기 파 봐요, 멍멍!

여기 파 봐요, 멍멍!"

하고 짖었습니다.

"왜 그러지? 왜 그러지?"

하며 할아버지는 시로가 가리키는 곳을 괭이로 내리쳤습니다. 그러자 '쨍강' 하는 소리가 나더니 깨진 용기의 구멍 아래에서 무언가 반짝반짝 빛이 나는 것이 보였습니다. 할아버지가 서둘러 땅을 파 내려가자 많은 금화가 쏟아져 나왔습니다. 할아버지는 깜짝 놀라 큰 소리로 할머니를 불러 함께 '영차, 영차' 금화를 집으로 옮겼습니다.

이렇게 해서 마음씨 착한 할아버지와 할머니 부부는 하루아침에 큰 부사가 되었습니다.

2

그 사실을 안 옆집의 심술궂은 할아버지는 너무 부러운 나머지 곧바로 시로를 빌리러 찾아왔습니다. 마음씨 고운 할아버지가 아무 생각 없이 시로를 빌려주자, 욕심쟁이 할아버지는 따라가기 싫어하는 시로의 목에 줄을 묶어 억지로 자기네 밭쪽으로 끌고 갔습니다.

"우리 밭에도 금화가 묻혀 있을 거야. 자, 어디냐, 어디야."

하고 말하면서 무리하게 더 세게 목줄을 잡아당기자, 시로는 괴로운 나머지 가까운 곳을 앞발로 마구 긁어댔습니다. 욕심쟁이 할아버지는

"옳지, 여기로구나. 됐다. 됐어."

하며 땅을 파기 시작했습니다. 하지만, 파도 파도 나오는 것은 돌멩이와 기와 조각뿐이었습니다. 그런데도 할아버지는 포기하지 않고 파 내려갔습니다. 그런데, 갑자기 '푸웅' 하고 더러운 냄새가 나더니 흉한 것들이 우글우글 쏟아져 나왔습니다.

욕심쟁이 할아버지는

"윽, 냄새."

하고 소리치며 코를 움켜쥐었습니다. 그러고는 홧김에 괭이를 높이 쳐들어 시로의 머리를 내리쳤습니다. 그러자 불쌍하게도 시로는 '깽' 하고 외마디 비명을 지르며 숨을 거두었습니다.

이 사실을 안 마음 착한 할아버지와 할머니는 얼마나 슬펐을까요? 하지만 부부는 이미 죽은 것은 어쩔 수 없는 일이라고 생각해, 눈물을 흘리며 시로의 사체를 거두어 마당 한 구석에 구덩이를 파고 정성껏 묻어 주고, 그 위에 비석 대신 작은 소나무 한 그루를 심었습니다. 그러자 그 소나무가 한순간에 쑥쑥 자라서, 마침내 훌륭한 나무가 되었습니다.

"이건 시로의 유품이야."

할아버지는 그렇게 말하고는 소나무를 잘라 절구를 만들었습니다. 그러고는

“시로는 떡을 좋아했지.”
하고 말하며, 절구 안에 쌀을 넣고 할머니와 둘이서

‘쿵덕쿵덕 쿵더쿵, 쿵덕쿵덕 쿵더쿵’
하며 찧기 시작했는데, 신기하게도 아무리 찧어도 계속해서 쌀이 불어나 순식간에 절구에 차고 넘치더니 밖으로 쏟아져서 결국 부엌에 가득 찼습니다.

3

그러자 이번에도 옆집 욕심쟁이 할아버지와 할머니가 그 사실을 알고 부러워하며, 또 뻔뻔스럽게 절구를 빌리러 왔습니다. 인심 좋은 할아버지와 할머니는 이번에도 바보같이 절구를 빌려주었습니다.

욕심쟁이 할아버지는 절구를 빌리기가 무섭게 절구 안에 쌀을 넣고 할머니와 함께

‘쿵덕쿵덕 쿵더쿵, 쿵덕쿵덕 쿵더쿵’
하며 떡쌀을 찧기 시작했습니다. 그런데, 이게 어찌 된 일인지 쌀이 불어나기는커녕, 이번에도 ‘푸웅’ 하고 이상한 냄새가 나더니, 절구 안에서 더러운 것들이 우글우글 배어 나와 절구에 차고 넘쳐 밖으로 쏟아지기 시작했습니다. 결국 더러운 것들이 부엌에 가득 찼습니다.

욕심쟁이 할아버지는 화를 참지 못하고 절구를 때려 부수고, 장작으로 태워버렸습니다.

아무것도 모르는 마음씨 착한 할아버지는 절구를 돌려받으러 갔습니다. 하지만, 이미 절구는 재가 되어 버린 후였습니다. 이 사실을 안 할아버지는 깜짝 놀라 낙심이 되었지만, 어쩔 수 없어 다 타고 남은 재를 소쿠리 안에 긁어모아 담고는 맥없이 집으로 돌아왔습니다.

"할멈, 시로의 소나무가 재가 되어버렸소."

할아버지는 재를 담은 소쿠리를 품에 안고 마당 한 구석에 있는 시로의 무덤 앞으로 다가가 재를 뿌렸습니다. 그러자, 어디선가 바람이 '휘익' 하고 불어와 순식간에 마당 구석구석까지 재가 흩날렸습니다. 그런데 이게 대체 어떻게 된 일일까요. 마른 채로 마당에 서 있던 매화나무와 벚나무가 재를 뒤집어쓰더니 순식간에 꽃을 피우고, 다른 곳은 아직 한겨울인데 할아버지의 마당만큼은 완연한 봄이 되었습니다.

할아버지는 손뼉을 치며 기뻐했습니다.

"이거 참 신기하네. 기왕 이렇게 된 바에야 우리 집뿐 아니라 사방에 꽃을 피워 볼까나?"

하고 할아버지는 남은 재가 담긴 소쿠리를 끌어안고

"꽃 피우는 할아범, 꽃 피우는 할아범, 일본 제일의 꽃 피우는 할아범. 마른나무에 꽃을 피워 보세."

하고 소리치며 큰길로 나왔습니다.

그러자 맞은편에서 영주님이 말을 타고 많은 가신을 거느리고 사냥터에서 돌아오다가 이 소리를 들었습니다. 영주님은 할아버지를 불러

"호오, 재밌는 영감이로구나. 그럼, 저기 마른 벚나무에 꽃을 피워 보거라."

분부했습니다. 할아버지는 즉시 소쿠리를 안고 벚나무에 올라가

"금 벚꽃, 살랑살랑. 은 벚꽃, 살랑살랑."

하고 말하며 재를 뿌렸습니다. 그러자 순식간에 꽃이 피어나 마침내 주변 일대에 벚꽃이 만발했습니다. 영주님은 깜짝 놀라

"이거 참 근사하구나. 이거 참 신기하구나."

말씀하시며, 할아버지를 칭찬하시고 많은 상을 내려주셨습니다.

그러자 또 옆집의 욕심쟁이 할아버지가 그 소문을 듣고 질투가 나서 남아있던 재를 모아 소쿠리에 넣고는

"꽃 피우는 할아범, 꽃 피우는 할아범, 일본 제일의 꽃 피우는 할아범, 마른나무에 꽃을 피워 보세."

하고 외치며 큰길로 나와 걸었습니다.

그러자 이번에도 영주님이 지나가시다가

"지난번 꽃 피우는 영감이 또 온 게로구나. 자, 한 번 더 꽃을 피워 보거라."

말씀하셨습니다. 욕심쟁이 할아버지는 득의양양한 얼굴을 하고, 재를 담은 소쿠리를 안고 벚나무에 올라가 착한 할아버지가 했던 것과 똑같이

“금 벚꽃, 살랑살랑, 은 벚꽃, 살랑살랑.”

하고 외치면서 마구잡이로 재를 뿌려댔습니다. 그렇지만, 꽃은 좀처럼 피지 않았습니다. 그러는 사이에 갑자기 강한 바람이 불어와 재가 사방팔방으로 마구 흩어져 날리다가 영주님과 가신들의 눈과 코로 들어갔습니다. 여기저기서 눈을 비벼대고, 재채기를 해대고, 머리에 묻은 재를 터는 등 큰 소란이 일어났습니다. 영주님은 몹시 화가 나

“가짜 꽃 피우는 영감이 틀림없다. 괘씸한 놈이다.”

말씀하시며 할아버지를 포승줄로 묶게 했습니다. 할아버지는

“잘못했습니다, 잘못했습니다.”

용서를 빌었지만, 결국 감옥으로 끌려가고 말았습니다.

〈해제〉

동물의 힘으로 부를 얻는다는 치부담의 일종이며, 동물의 보은담적인 요소도 포함한다. 줄거리는 다음과 같다. 기르던 개가 밭에서 땅을 파는 것을 이상하게 여긴 마음씨 착한 할아버지가 그곳을 더 깊게 파 내려가자, 금화가 쏟아져 나온다. 그런데 옆집의 심술궂은 할아버지가 이 소식을 듣고 개를 빌려다가 억지로 땅을 파게 했더니 땅속에서 더러운 것들이 쏟아져 나온다. 화가 난 욕심쟁이 할아버지는 개를 죽인다. 착한 할아버지는 개를 묻어 주고 무덤에 소나무를 심는다. 소나무는 쑥쑥 자라 할아버지는 소나무를 잘라 절구통을 만들어 쌀을 찧는다. 그런데 쌀은 줄어들지 않고 계속 차고 넘친다. 또다시 이 소식을 들은 심술궂은 할아버지가 절구통을 빌려다가 똑같이 쌀을 찧는다. 그런데 이번에도 더러운 것이 넘쳐흘러 화가 난 할아버지는 절구통을 태워 버린다. 마음씨 착한 할아버지가 타고 남은 재를 가져다가 뿌리자, 마른나무에 꽃이 피어나고 이를 본 영주님이 상을 내린다. 배가 아픈 욕심쟁이 할아버지는 또다시 따라 하지만, 꽃은 피지 않고 재가 영주님과 가신들의 눈에 들어가 징벌을 받는다는 이야기다.

아카혼인 『마른나무에 꽃피우는 할아범(枯木花さかせじじ)』을 비롯해

에도 중기 이후의 문헌에서 발견되는데, 이 이야기는 에도 시대 5대 동화 중 하나로 손꼽힌다. 메이지 시대 이후에도 그림책이나 읽을거리로 널리 보급되었다. 전해지는 옛날이야기 중에는 결말이 마음 착한 할아버지가 재를 뿌리자, 재가 기러기의 눈에 들어가 기러기를 많이 잡았다거나, 무덤에서 싹튼 대나무가 자라 하늘의 보물 창고를 뚫어 돈이 비처럼 내렸다는 식의 「기러기 잡는 할아범(雁取爺)」 이야기도 있다.

이런 옛날이야기는 중국에서도 발견되는데, 줄거리는 이렇다. 두 명의 형제가 재산을 나눈다. 아우는 물려받은 개로 밭을 경작해 부자가 된다. 이 이야기를 들은 형이 개를 빌려 밭을 경작하지만, 실패하여 홧김에 개를 죽여버린다. 동생이 개를 장사 지내자, 그 무덤에서 대나무가 자라나 그것으로 동생은 또 부자가 된다. 형이 또 따라 하지만 실패하고 만다. 세세한 부분까지 「꽃 피우는 할아범(花咲爺)」이나 「기러기 잡는 할아범(雁取爺)」과 매우 흡사하여 모태가 같은 이야기일 것으로 추정된다.

제5장.

긴타로

1

옛날에 '긴타로'라고 하는 아주 힘이 센 아이가 있었습니다.

사가미 지방(相模国)[5]의 아시가라야마(足柄山)[6] 산 깊은 곳에서 태어나, 어머니 야마우바(山婆)[7]와 함께 살고 있었습니다.

긴타로는 태어날 때부터 그야말로 힘이 세서 이미 일고여덟 살 무렵

---

5 지금의 가나가와현(神奈川県) 일대의 옛 지명.

6 가나가와현 남서부에 위치하며, 남쪽은 하코네산(箱根山)에 이어지는 산. 고대로부터 동서 교통의 요지로, 시라기 사부로 요시미쓰(新羅三朗義光, 源義光의 별칭. 신라 명신(新羅明神)의 사단에서 성인식을 하여 그렇게 불린다) 이야기와 사카타 긴토키(坂田金時, 긴타로) 전설로 유명하다.

7 '야만바(やまんば)'라고도 한다. 깊은 산 속에 산다는 늙은 여자. 일본의 요괴로 산에 살며 사람을 잡아먹는다고 전해진다. 실제로는 늙어 일을 할 힘도 없고 양식만 축내는 여자를 깊은 산중에 버린 일에서 비롯되었다고 하는 연구가 있다.

에는 맷돌이나 쌀가마니 정도는 거뜬히 들어 올렸습니다. 보통 어른을 상대로 씨름을 해도 절대 지지 않았습니다. 그 일대에는 더 이상 상대할 만한 사람이 없어지자 심심해진 긴타로는 솟아나는 힘을 주체할 수 없어 온종일 숲속을 뛰어다녔습니다. 그리고 어머니한테 받은 큰 도끼를 메고 다니면서 엄청나게 큰 삼나무나 소나무를 닥치는 대로 쓰러뜨리고는 나무꾼 흉내를 내며 재미있어했습니다.

어느 날 숲속 깊숙한 곳에 들어가 여느 때처럼 큰 나무를 베고 있는데, 큰 곰 한 마리가 어슬렁어슬렁 다가왔습니다. 곰은 눈을 번뜩이며

"누구냐? 내 숲을 망가트리는 것이."

하고 말하며 긴타로에게 덤벼들었습니다. 그러자

"뭐야, 곰 주제에. 이 긴타로님을 몰라보다니!"

하며 긴타로는 도끼를 내팽개치고 그대로 곰에게 달려들었습니다. 그러고는 곰의 다리를 걸어 '쿵' 하고 땅에 내동댕이쳤습니다. 곰은 무릎을 꿇고 빌며 긴타로의 부하가 되었습니다.

숲속의 대장인 곰이 긴타로에게 항복하고 부하가 된 것을 보고, 토끼며 원숭이며 사슴이며 숲속의 모든 동물이 긴타로의 뒤를 졸졸 따라다니며

"긴타로님, 부디 저도 부하로 삼아주세요."

하고 졸랐습니다. 긴타로는

"좋아, 좋아."

하고 고개를 끄덕이며 모두를 부하로 삼았습니다.

그 후로 긴타로는 매일 아침 어머니가 만들어 주는 주먹밥을 잔뜩 싸 들고 숲속으로 갔습니다. 긴타로가 휘파람을 불며

"자, 모두 모여라. 모두 모여."

하고 말하면, 곰을 선두로 사슴 원숭이 토끼가 어디에선가 제각각 모습을 드러냈습니다. 긴타로는 이 부하들을 데리고 온종일 산속을 누비며 다녔습니다.

어느 날 이리저리 쏘다니던 긴타로와 동물들은 부드러운 풀이 돋아나 있는 곳에 다다랐습니다. 그러자 모두 신발을 벗고 누워 풀밭을 자유롭게 뒹굴었습니다. 날씨도 좋고 기분도 상쾌한 날이었습니다. 긴타로가

"자, 이제부터 씨름이다. 상으로 주먹밥을 주겠다."

하고 말하자, 곰이 울퉁불퉁하고 억센 손으로 땅을 파서 씨름판을 만들었습니다.

처음에는 원숭이와 토끼가 맞붙고 사슴이 심판을 보았습니다. 토끼가 원숭이의 꼬리를 붙잡아 씨름판 밖으로 끌어내려 하자 원숭이가 성을 내며 토끼의 긴 귀를 거칠게 잡아당겼습니다. 그러자 토끼는 소리를 지르며 잡고 있던 원숭이의 꼬리를 놓았습니다. 둘 사이에서는 승부가 나지 않아 어느 쪽도 상을 받지 못했습니다.

이번에는 토끼가 심판을 보고 사슴과 곰이 맞붙었는데, 사슴이 잽싸

게 뿔로 곰을 받아 뒤집어 버렸습니다. 긴타로는

"재밌다, 재밌어."

하고 말하며 손뼉을 쳤습니다. 그리고 긴타로는 씨름판 한가운데 서서

"자, 모두 덤벼라."

하고 말하며 두 팔을 크게 벌렸습니다. 처음에는 토끼, 그리고 원숭이, 사슴 이런 순으로 긴타로에게 달려들었고, 맨 마지막으로 곰이 덤벼들었습니다. 그런데 하나같이 긴타로의 힘에 맥없이 씨름판 밖으로 대굴대굴 굴러나갔습니다.

"뭐야, 왜 이리 약해. 모두 한꺼번에 덤벼!"

하고 긴타로가 말하자, 모두 분해하며 필사적으로 달려들었습니다. 토끼는 긴타로의 다리를 붙잡고 원숭이는 목덜미를 잡는 등 난장판이 되었습니다. 사슴은 허리를 누르고 곰은 가슴을 붙잡고 모두 힘을 합쳐 긴타로를 넘어뜨리려 했지만. 아무리 용을 써도 쓰러뜨릴 수 없었습니다. 그러다가 감질이 나는지 긴타로가 몸을 한 번 크게 흔들자, 토끼도 원숭이도 사슴도 곰도 모두 한꺼번에 대굴대굴 씨름판 밖으로 나가떨어졌습니다.

"아이고, 아이고."

모두 죽는소리를 하며 아픈 허리를 문지르고 어깨를 문질러 댔습니다. 긴타로는

"자, 내가 이겨서 미안하니, 모두에게 주먹밥을 나눠 주마."

하고, 토끼와 원숭이 그리고 사슴과 곰을 둥글게 둘러 세우고 자기는 한가운데 앉아 주먹밥을 사이좋게 나누어 먹었습니다. 잠시 후 긴타로는

"아, 맛있게 잘 먹었다. 자, 이제 돌아가자."

하고, 모두를 데리고 처음 출발한 곳으로 향했습니다.

2

돌아가는 숲길에서도 달음박질을 치거나 바위 위에서 술래잡기 놀이를 하는 사이에 어느새 큰 계곡 언저리에 이르렀습니다. 물은 요란스러운 소리를 내며 엄청난 기세로 흐르고 있었는데, 공교롭게도 다리가 놓여 있지 않았습니다. 일행은

"어떡하지? 되돌아갈까?"

하고 말했습니다. 하지만 긴타로는 태연한 얼굴로

"아니야, 괜찮아."

하고 말하며 그 주변을 둘러보았습니다. 때마침 물가에 두 아름이나 되는 큰 삼나무가 서 있었습니다. 긴타로는 큰 도끼를 내던지고 갑자기 삼나무를 양손으로 잡았습니다. 그러더니 두세 번 힘껏 미는 것 같더니 '우지직' 하는 소리와 함께 나무가 계곡 위를 가로질러 건너편으로 '풀썩' 하고 넘어가 근사한 다리가 되었습니다. 긴타로는 다시 도끼를 집어 어깨

에 메고 앞장서서 계곡을 건넜습니다. 동물들은 얼굴을 마주 보며

"와! 정말 굉장한 힘이다!"

속닥거리며 긴타로의 뒤를 따라 건넜습니다.

그때 맞은편 바위 위에서 나무꾼 한 사람이 숨어 이 광경을 지켜보고 있었습니다. 긴타로가 아무렇지도 않게 큰 나무를 밀어 넘어뜨리는 것을 본 나무꾼은 눈이 휘둥그레져

"그거참 신기한 아이로세. 어디에 사는 아일까?"

나지막이 중얼거렸습니다. 그러고는 조용히 일어나 소리를 죽이고 긴타로의 뒤를 밟았습니다. 토끼 그리고 곰과 헤어져 혼자가 된 긴타로는 가뿐히 골짜기를 건너기도 하고 벼랑을 타기도 하며, 깊고 깊은 산속의 외딴집으로 들어갔습니다. 그 일대에는 흰 구름이 피어오르고 있었습니다.

나무꾼은 한참 뒤에야 나무뿌리에 매달려 기어오르거나 바위 모서리를 붙잡고 겨우겨우 따라왔습니다. 간신히 집 앞까지 다다른 나무꾼이 안을 들여다보니 긴타로는 '이로리(居炉裏)'[8] 앞에 앉아 어머니에게 열심히 곰과 사슴이 씨름으로 승부를 겨룬 이야기를 하고 있었습니다. 어머니도 즐겁다는 듯 싱글벙글 웃으며 듣고 있었습니다. 그때 나무꾼이 느닷없이 창문으로 고개를 불쑥 들이밀며

8 이로리(居炉裏, いろり): 지방의 민가 등에서 마룻바닥을 사각형 모양으로 도려내어 그곳에 재를 깔아 난방과 취사용으로 불을 피우던 곳.

“저, 꼬마야. 이번에는 아저씨랑 한번 씨름을 해보지 않을래?”
하고 말하며 태연하게 집 안으로 들어왔습니다. 그러고는 갑자기 긴타로 앞으로 털이 무성한 손을 내밀었습니다. 어머니는 ‘이게 무슨 일이지?’ 하고 영문을 모르겠다는 표정을 지었지만, 긴타로는 흥미롭다는 표정으로
“네, 겨루어 보죠.”
하고 바로 포동포동하게 살찐 귀여운 손을 내밀었습니다. 그렇게 두 사람은 얼굴이 새빨개질 때까지 한참 동안 힘을 겨루었습니다. 그러다가 나무꾼이
“이제 그만하자. 승부가 나질 않으니.”
하고 말하며 손을 놓았습니다. 그러고는 자세를 고쳐 앉아 어머니 야마우바를 향해 공손히 절을 하고는
“느닷없이 실례를 범하였습니다. 실은 아까 아드님이 계곡 옆에서 삼나무를 밀어 쓰러뜨리는 것을 보고 여기까지 따라오게 되었습니다. 지금 확인차 씨름을 해본 것인데 예상대로 힘이 엄청나서 깜짝 놀랐습니다. 틀림없이 이 아이는 훌륭한 용사가 될 겁니다.”
하고 말하며 긴타로를 향해
“어떤가, 도성으로 가서 사무라이가 되지 않겠는가?”
하고 물었습니다. 그러자 긴타로는 눈을 동그랗게 뜨고
“아, 사무라이가 되면 좋겠다!”
하고 말했습니다.

이 나무꾼은 우스이 사다미쓰(碓井貞光)[9]라는 사람인데, 그 당시 일본 제일의 장수로 유명한 미나모토노 요리미쓰(源賴光)[10]의 가신이었습니다. 주인으로부터 강한 사무라이를 데려오라는 명을 받고 이런 식으로 신분을 감추고 일본 전국을 돌아다니고 있던 것입니다.

야마우바도 나무꾼의 말을 듣고 무척 기뻐하며

"사실 돌아가신 이 아이의 아버지도 사카타(坂田)라는 훌륭한 성씨의 사무라이였습니다. 말 못 할 사연이 있어서 이렇게 깊은 산속에 묻혀 살고 있지만, 언젠가 기회가 생기면 아이를 도성으로 보내 사무라이로서 가문의 계보를 잇게 하고 싶었습니다. 보시는 것처럼 심한 장난꾸러기지만, 말씀대로 데려가 주신다면 더할 나위 없이 감사하겠습니다. 잘 부탁드립니다."

하고 흥분하여 말했습니다.

긴타로는 옆에서 두 사람의 이야기가 끝나기를 기다리고 있다가

"아, 정말 기쁘다, 기뻐. 난 이제 사무라이가 된다!"

하고 춤을 추었습니다.

긴타로가 우스이 사다미쓰와 함께 도읍으로 오른다는 소식을 듣고,

9 헤이안(平安) 중기의 무사로 미나모토노 요리미쓰를 지키는 사천왕의 한 사람이다.

10 미나모토 요리미쓰(948~1021), 일본 헤이안 중기의 무장으로, 오오에야마(大江山) 산의 도깨비 슈텐도지 정벌(酒呑童子征伐) 전설과 야마토 정권에 복종하지 않은 지방 호족을 가리키는 쓰치구모(土蜘蛛, つちぐも) 토벌 전설로 유명하다.

곰과 사슴, 원숭이, 토끼 모두 함께 작별을 고하러 왔습니다. 긴타로는 모두의 머리를 차례로 쓰다듬으며

"모두 사이좋게 지내라."

하고 말했습니다. 동물들은

"긴타로님이 가버리면 많이 쓸쓸해질 것 같아요. 하루빨리 훌륭한 대장이 되어 다시 만나요."

하고 아쉬워하며 돌아갔습니다. 긴타로는 야마우바에게

"어머니, 그럼, 다녀오겠습니다."

하고 절을 했습니다. 그렇게 사다미쓰의 뒤를 따라 씩씩하게 출발했습니다.

그로부터 몇 날 며칠이 걸려 사다미쓰는 긴타로를 데리고 도성에 도착했습니다. 그리고 주인인 요리미쓰의 저택으로 가서

"아시가라야마(足柄山) 깊은 산 속에서 이런 아이를 발견해 데리고 왔습니다."

하고 긴타로를 요리미쓰에게 소개했습니다.

"오오, 이렇게 강해 보이는 아이는 처음 본다."

하며 요리미쓰는 긴타로의 머리를 쓰다듬었습니다.

"한데, 긴타로라는 이름은 사무라이에게 어울리지 않아. 부친이 사카타라고 했으니, 지금부터는 사카타노 긴토키(坂田金時)[11]라고 하자."

---

11 헤이안 후기의 무사로, 보통 '坂田公時'라고 쓴다. 사가미 지방 아시가라야마 산의 야

그렇게 긴타로는 사카타노 긴토키라는 이름을 부여받아 요리미쓰의 가신이 되었습니다. 그리고 성장하여 훌륭한 사무라이가 되어 와타나베노 쓰나(渡辺綱)[12]와 우라베노 스에다케(卜部秀武),[13] 우스이노 사다미쓰와 함께 요리미쓰의 사천왕으로 불렸습니다.

마우바와 붉은 용 사이에서 태어났다는 전설이 전해진다. 그의 어린 모습은 건강과 무용을 상징하며, 5월 인형으로 제작되고 가부키에도 등장한다.

12 요리미쓰를 지키는 사천왕의 한 사람으로, 오오에야마(大江山)에서 슈텐도지(酒呑童子)를 토벌하고, 라쇼몬(羅生門)의 도깨비를 퇴치했다는 전설이 있다.

13 요리미쓰를 지키는 사천왕의 한 사람으로 슈텐도지(酒呑童子)를 토벌한 것으로 유명하다.

〈해제〉

영웅의 성장 이야기다. 긴타로는 가나가와현(神奈川県) 아시가라산(足柄山) 깊은 산속에 살고 있다는 귀녀 야마우바(山姥)의 자식으로, 산중에서 태어나고 자라서 어릴 때부터 힘이 장사였다고 한다. 에도 시대(江戸) 초기 이후 모모타로(桃太郎)와 어깨를 견주는 소년 영웅으로 민간에 친숙했으며, 일찍이 사내아이의 건강을 상징하는 '5월 인형(五月人形)'[14]으로도 제작되었다. '긴타로'라는 이름은 미나모토노 요리미쓰(源頼光)[15]의 사천왕 중 하나인 사카타 긴도키(坂田公時)[16]의 아명이라고 전한다. 출신에 관한 기록으로는 고조루리(古浄瑠璃)의 긴피라본(公平本)인 『긴피라 탄생기(公平誕生記)』(1660년 전후) 등이 가장 오래된 것이다. 『기요하라 우대신(清原右大将)』(1677)에는 긴타로와 관련하여 '괴동(怪童)'이

---

14 5월 단오절에 사내아이의 성장을 기원하며 장식하는 무사 모양의 인형

15 헤이안 중기의 무장으로 셋쓰 등의 수령을 역임했다. 오오에야마(大江山) 산의 슈텐도지(酒呑童子)라는 도깨비 모습을 한 도적 정벌의 전설과 중앙 정부에 복종하지 않는 변경의 민중인 '쓰치구모(土蜘蛛, つちぐも)' 전설로 유명하다.

16 '사카타'라는 성의 한자로 '酒田'를 사용하기도 하며, '긴토키'의 한자로 '金時'를 사용하기도 한다.

라는 기록이 보이며, 지카마쓰 몬자에몬(近松門左衛門)의 조루리(浄瑠璃) 『고모치 야만바(嫗山姥)』(1712) 이후에는 '괴동 마루(怪童丸)[17]'가 통칭으로 사용되며, 긴타로라는 이름은 에도 중기 무렵부터 사용된 것으로 추정된다. 『젠 다이헤이키(前太平記)』(1717)에는 야만바가 아시가라산의 산정에서 붉은 용과 관계를 맺는 꿈을 꾸고 잉태했다고 쓰여 있다. 전설이 조루리나 우키요에(浮世絵) 등의 세속적인 예술 작품에 도입되고 그 작품이 민중 속에 이미지를 성장시키고 있다. 하코네(箱根)의 긴토키산(金時山) 이노하나다케(猪鼻岳)의 중턱에는 긴타로와 야만바가 살았다는 큰 바위들이 발견된다. 본래 야만바가 산중에서 아이를 낳았다는 전설의 하나로, 나가노현(長野県)에는 기소(木曽)의 긴토키산(金時山) 나기소다케(南岐蘇岳) 봉우리에 긴토키 모자가 살았던 바위 굴이 있고 구 가미미노치(旧上水内) 이모이무라(郡芋井村, 지금의 나가노시)의 무시쿠라묘진(虫倉明神)은 긴토키의 어머니를 제사 지내는 곳이라고 전해진다. 산중에서 태어난 영웅 이야기는 『소가 모노가타리(曽我物語)』 마나본(真名本) 등, 무로마치(室町) 시대의 모노가타리 문학 안에도 발견되며, 수렵민에 의해 전해진 산신이 산속에서 아이를 출산하는 이야기는 긴타로를 비롯한 유사 형태의 산중 탄생담(山中誕生譚)의 원형이 되었다.

17 조루리나 가부키에서 야만바 이야기 속 아역.

제6장.

모모타로

1

옛날 옛적 어느 곳에 할아버지와 할머니가 살고 있었습니다. 할아버지는 매일 산으로 나무를 하러 가고, 할머니는 강으로 빨래를 하러 다녔습니다.

그런 어느 날의 일입니다. 할머니가 강가에서 부지런히 빨래하고 있는데, 강 위쪽에서 큰 복숭아가 하나

'두리둥실 두둥실, 두둥실 둥둥

두리둥실 두둥실, 두둥실 둥둥'[18]

하고 떠내려왔습니다.

"어라, 이거 참 탐스러운 복숭아로구나. 할아버지 선물로 집으로 가

18 일본 전통 시인 와카의 음수율 7 · 5조가 사용되고 있다.

져가야겠다."

할머니는 이렇게 말하며 허리를 숙여 복숭아를 잡으려 했지만, 멀어서 손이 닿지 않았습니다.

그래서 할머니는

"저기 안쪽의 물은 아주 짜단다

나 있는 이쪽 물은 무척 달단다

저쪽 아주 짠 물은 피해서 오렴

여기 단물 쪽으로 피해서 오렴"

하고 노래하면서 손뼉을 쳤습니다. 그러자 복숭아는 또다시

'두리둥실 두둥실, 두둥실 둥둥

두리둥실 두둥실, 두둥실 둥둥'

하며 할머니 앞으로 떠내려왔습니다. 할머니는 싱글벙글 웃으며

"어서 가서 할아버지와 나눠 먹어야겠다."

하고 큰 복숭아를 건져, 다 한 빨래와 함께 대야 안에 담아 품에 안고 흔들흔들 집으로 돌아왔습니다.

산에 간 할아버지는 저녁이 되어서야 땔감을 잘라 등에 지고 돌아왔습니다.

"할멈, 나, 다녀왔소."

"어머, 할아범 어서 와요. 기다리고 있었어요. 자, 빨리 올라오세요. 귀한 걸 드릴게요."

"그거참 고맙군. 그런데 그 귀하다는 게 뭔가?"

하고 말하며 할아버지는 짚신을 벗고 위로 올라갔습니다. 그 사이에 할머니는 찬장 안에서 아까 강에서 건져 온 복숭아를 무거운 듯 안고 와서

"자 보세요. 이 복숭아를."

하고 말했습니다.

"호오, 이거 참. 어디에서 이런 근사한 복숭아를 사 온 것이오?"

"아니, 사 온 게 아니라오. 오늘 강에서 주워 왔어요."

"에, 뭐라고? 강에서 주워 왔다고? 그거참 신기하네."

하고 말하며 할아버지가 복숭아를 두 손으로 들고 이리 보고 저리 보고 있으려니까 별안간 복숭아가 안에서부터 '쩍' 하고 갈라지더니

"응애, 응애."

하고 귀여운 사내아이가 우렁찬 울음소리를 내며 기운차게 튀어나왔습니다.

"어이쿠, 어이쿠."

할아버지와 할머니는 깜짝 놀라서 마치 입을 맞춘 것처럼 소리를 질렀습니다.

"어머나. 저희가 무슨 일이 있어도 아이 하나를 갖고 싶다고 매일매일 기도를 드려서 천지신명께서 이 아이를 내려주셨나 봐요."

할아버지와 할머니는 기뻐하며 이렇게 말했습니다.

할아버지는 아이를 씻기려고 서둘러 목욕물을 데우고 할머니는 기저

귀를 채우느라 한바탕 난리가 났습니다. 할머니가 아기를 안고 목욕을 시키는데 갑자기

"으응!"

하고 아기는 자신을 안고 있던 할머니의 손을 자기 몸에서 뿌리쳤습니다.

"어머 어머, 어쩜 이리 기운이 셀까?"

할아버지와 할머니는 약속이나 한 듯 이렇게 말하며 서로의 얼굴을 쳐다봤습니다. 그러고는

"하, 하, 하"

하고 재밌다는 듯이 크게 웃었습니다.

그리고 복숭아 안에서 태어난 사내아이라는 의미로 '모모타로'라는 이름을 붙였습니다.

2

할아버지와 할머니는 모모타로를 아주 아주 소중히 키웠습니다. 모모타로는 성장하면 할수록 또래 아이들과 비교도 안 될 정도로 몸집도 크고 힘도 매우 강해서 씨름만 했다 하면 주변에 당해낼 사람이 한 명도 없었습니다. 그런데 마음씨도 착해서 할아버지와 할머니를 향한 효성이 지긋한 아이였습니다.

이렇게 모모타로는 열다섯 살이 되었습니다.

이미 그 당시에도 일본 전국에 모모타로만큼 강한 사람은 없었습니다. 모모타로는 일본을 떠나 어딘가 외국에 나가서 마음껏 자신의 실력을 시험해 보고 싶었습니다.

그런데 그 무렵, 여기저기 외국을 돌아다니다 온 사람이 이런저런 신기한 이야기를 하던 중에

"여러 해 배를 저어가다 보면, 아주 먼 바다 끝에 '오니가시마'[19]라고 하는 곳이 있지. 나쁜 도깨비들이 철로 만든 삼엄한 성안에 살고 있는데, 그 안에는 그들이 섬 밖으로 나가 닥치는 대로 약탈한 귀한 보물이 산더미처럼 쌓여 있다지 아마."

하고 말했습니다.

이 이야기를 들은 모모타로는 그 도깨비들이 산다는 섬에 가보고 싶어서 견딜 수 없었습니다. 그는 집에 돌아오자마자 바로 할아버지 앞으로 가서

"부디 저에게 잠시 휴가를 주세요."

하고 말했습니다.

할아버지는 깜짝 놀라

19 오니가시마(鬼ヶ島, おにがしま) : 오니(도깨비)들이 사는 섬. 시도 때도 없이 마을을 습격해 사람들을 학살하고 많은 보물을 강탈하고 다녔다고 한다.

"어디에 가려는 것이냐?"
하고 물었습니다.

"오니가시마에 도깨비를 정벌하러 가려고 합니다."
하고 모모타로가 대답했습니다.

"호오, 그거참 대견한 생각이구나. 그럼 다녀오너라."
하고 할아버지는 흔쾌히 허락했습니다.

"음, 그렇게 먼 곳에 가는 거라면 분명 쉬이 허기가 질 테니 도시락을 만들어 주마.
하고 할머니가 말했습니다.

그렇게 해서 할아버지와 할머니는 마당 한가운데에서 '영치기 영차' 큰 절구를 들고 와서, 할아버지가 절구에 담은 수수를 절굿공이로 내려치고 할머니는 이것을 뒤집으며

'쿵덕쿵덕 쿵더쿵, 쿵덕쿵덕 쿵더쿵'
하고 도시락으로 싸 갈 수수경단을 만들기 시작했습니다.

수수경단이 맛있게 만들어질 즈음 모모타로도 떠날 채비를 끝냈습니다.

모모타로는 사무라이들이 입는 진바오리(陣羽織)[20] 같은 옷을 입고 칼을 허리에 차고 수수경단을 담은 자루를 맸습니다. 그리고 복숭아 그림

20 진중(陣中)에서 갑옷 위에 걸쳐 입던 겉옷으로, 비단이나 나사(羅紗), 비로드 등으로 만들며 소매가 없는 것이 특징이다. 무로마치 시대에 도래한 스페인인과 포르투갈인의 의복을 흉내 낸 것이라고 한다.

이 그려진 무사용 부채를 손에 들고

"그럼, 아버지 어머니, 다녀오겠습니다."

하고 공손하게 머리를 숙였습니다.

"그래, 도깨비를 멋지게 퇴치하고 오너라."

하고 할아버지가 말했습니다.

"다치지 않도록 특별히 조심하고."

할머니가 말했습니다. 그러자 모모타로는

"아무 걱정 하지 마세요. 일본 제일의 수수경단을 가지고 있으니까요."

하고 말하며, 마지막으로

"그럼, 건강하세요."

하고 기운찬 목소리를 남기고 오니가시마를 향해 출발했습니다. 할아버지와 할머니는 문밖에 서서 한참 동안 모모타로를 배웅했습니다.

3

모모타로는 거침없이 나아가다가 큰 산 위에 다다랐습니다. 그러자 풀숲에서

"멍, 멍."

하고 개 한 마리가 말을 걸며 뛰어나왔습니다. 모모타로가 소리 나는

쪽으로 얼굴을 돌려 보니 개가 깍듯하게 인사를 하며

"모모타로님, 모모타로님, 어디에 가십니까?"

하고 물었습니다.

"오니가시마에 도깨비를 정벌하러 간다."

"그런데 허리에 찬 것은 무엇입니까?"

"일본 제일의 수수경단이지."

"하나만 주시면 길동무가 되겠습니다."

"그래, 그럼 줄 테니 같이 가자."

개는 수수경단을 하나 받아먹고 모모타로의 뒤를 따랐습니다. 산에서 내려오자 얼마 안 가 숲이 가로놓여 있었습니다. 모모타로와 개는 숲속으로 들어갔습니다. 한참 숲을 걷고 있는데 나무 위에서

"캬, 캬."

소리를 지르며 원숭이 한 마리가 나타났습니다. 모모타로가 고개를 돌려 보니 원숭이가 정중하게 인사를 하며

"모모타로님, 모모타로님, 어디에 가십니까?"

하고 물었습니다.

"오니가시마에 도깨비를 정벌하러 간다."

"허리에 찬 것은 무엇입니까?"

"일본 제일의 수수경단이지."

"하나 주시면 길동무가 되겠습니다."

"좋아 좋아, 줄 테니 따라오너라."

원숭이도 수수경단을 하나 받아먹고 모모타로를 따라나섰습니다. 산에서 내려와 숲을 지나오니 이번에는 너른 들판이 펼쳐져 있었습니다. 셋이 들판을 걷고 있는데 갑자기 하늘 위에서,

"꺙, 꺙."

하며 꿩 한 마리가 날아왔습니다.

모모타로가 돌아보자 꿩은 정중하게 인사를 하며

"모모타로님, 모모타로님, 어디에 가십니까?"

하고 물었습니다.

"오니가시마에 도깨비를 정벌하러 간다."

"허리에 찬 것은 무엇입니까?"

"일본 제일의 수수경단이지."

"하나 주십시오, 그러면 따르겠습니다."

"좋아 좋아, 줄 테니 따라오너라."

꿩도 수수경단을 하나 받아먹고 모모타로의 뒤를 따랐습니다.

개와 원숭이와 꿩, 이렇게 세 마리의 믿음직한 부하가 생기자 모모타로는 용기가 솟구쳐 다시 힘차게 나아갔습니다. 그리고 드디어 넓은 바다에 다다랐습니다.

그곳에는 때마침 배가 한 척 매어져 있었습니다.

모모타로와 세 마리의 부하는 곧바로 그 배에 올라탔습니다.

"저는 노를 젓겠습니다."

이렇게 말하며 개가 노를 잡았습니다.

"저는 키잡이를 하겠습니다."

이렇게 말하며 원숭이는 키 앞에 앉았습니다.

"저는 망을 보겠습니다."

하고 꿩은 뱃머리에 섰습니다.

쾌청한 날씨에 파랗게 펼쳐진 바다 위에는 파도 한 점 일지 않았습니다. 번개가 치는 것처럼 빠르다고 할까, 쏜살같다고 해야 할까, 배는 눈이 빙글빙글 돌 정도의 속도로 바다 위를 미끄러져 나갔습니다. 그저 한 시간 정도 달렸을까, 뱃머리에 서서 전방을 바라보고 있던 꿩이

"저기, 저기, 섬이 보인다."

하고 파닥파닥 높은 날갯짓 소리를 내며 하늘로 올랐다가 '슈욱' 하고 바람을 가르며 섬 쪽으로 곧바로 날아갔습니다.

모모타로가 눈을 돌려 꿩이 날아간 방향을 보니 과연, 멀고 먼 바다 끝에 아주 희미하게 구름처럼 거무스름한 형체가 보였습니다. 배가 앞으로 나아감에 따라 구름처럼 보였던 것이 점점 더 선명하게 섬의 형태가 되어 다가왔습니다.

"아아, 보인다, 보여. 오니가시마가 보인다!"

모모타로가 이렇게 외치자, 개와 원숭이도 목소리를 더해

"만세, 만세."

하고 소리쳤습니다.

오니가시마가 손에 잡힐 듯 가까워지자 단단한 바위로 겹겹이 쌓아 올린 도깨비들이 사는 성이 시야에 들어왔습니다. 장엄한 강철 문 앞에 보초를 서고 있는 도깨비 병사의 모습도 보였습니다.

앞서 날아간 꿩이 성의 제일 높은 곳에 앉아, 이쪽을 내려다보고 있었습니다.

이렇게 해서 모모타로와 부하들은 여러 해 배를 저어가야만 갈 수 있다는 오니가시마에, 마치 잠깐 눈을 감고 있는 사이에 도착한 것처럼 길을 나선 지 얼마 지나지 않아 당도했습니다.

4

모모타로는 개와 원숭이를 거느리고 배 위에서 육지로 훌쩍 뛰어내렸습니다.

보초를 서고 있던 도깨비 병사들은 낯선 이들의 모습을 보고는 깜짝 놀라 황급히 문 안으로 들어가 철로 된 문을 단단히 걸어 잠갔습니다. 그때 개가 문 앞으로 다가가

"일본의 모모타로님이 너희들을 정벌하러 오셨다. 어서 문을 열어라!" 하고 고함치며 쿵, 쿵 문을 두드렸습니다. 그 소리에 문지기 도깨비들은

두려워 떨며 밖에서 문을 열지 못하도록 안간힘을 다해 문을 밀며 버텼습니다.

그러자 꿩이 지붕 위에서 쌩하고 날아 와 문을 지탱하고 있던 도깨비들의 눈을 마구 쪼아 댔습니다. 그러자 도깨비들은 겁에 질려서 도망치기 시작했습니다. 그 사이 원숭이가 능숙하게 높은 암벽을 타고 넘어가 안쪽에서 손쉽게 문을 열었습니다.

"와아!"

하고 함성을 지르며 모모타로와 개가 용감하게 성안으로 쳐들어갔습니다. 성안에 있던 대장 도깨비는 많은 부하를 거느리고 엄청 굵직한 철퇴를 휘두르며

"우우, 우우."

소리치며 모모타로와 부하들을 향해 덤벼들었습니다.

하지만 몸집만 컸지 패기가 없는 도깨비들은 꿩에게 사정없이 눈을 쪼이고, 개에게 정강이를 물려 비명을 지르며 도망 다녔습니다. 그러다가 마지막에는 원숭이가 손톱으로 얼굴을 할퀴자, 도깨비들은 엉엉 울며 철퇴와 무기를 다 버리고 항복했습니다.

마지막까지 참고 버티던 대장 도깨비도 결국 모모타로와 싸우다 져서 모모타로 앞에 납작 엎드렸습니다.

모모타로는 큰 대장 도깨비 등에 올라타

"어떠냐. 이래도 항복을 안 할 테냐?"

하고 목을 세게 눌러 죄었습니다.

대장 도깨비는 모모타로의 긴 칼등에 목이 눌려 더 이상 버티지 못하고, 고통스러운 나머지 굵은 눈물방울을 뚝뚝 흘리며

"항복, 항복할게요. 목숨만은 살려주세요. 그 대신 보물을 하나도 남김없이 넘겨드리겠습니다."

이렇게 말하자 모모타로는 누르고 있던 대장 도깨비의 목을 놓아주었습니다.

대장 도깨비는 약속한 대로 몸에 걸치면 모습이 보이지 않게 된다는 도롱이와 쓰면 보이지 않게 되는 우산, 휘두르면 무엇이든지 원하는 것이 나오는 도깨비방망이에 여의주, 그 외에 산호라든가 바다거북의 등딱지로 만든 대모갑, 천연 유리 능능의 세상에서 가장 귀하다는 보물이란 보물은 모조리 모모타로와 그의 부하들에게 넘겼습니다.

이렇게 모모타로는 수많은 보물을 싣고 세 명의 부하와 함께 다시 배에 올라탔습니다. 귀로에 오른 배는 떠나올 때보다 한층 더 빠르게 달려 얼마 지나지 않아 일본 땅에 도착했습니다.

배가 육지에 당도하자 보물을 잔뜩 실은 수레를 개가 앞에서 끌기 시작했습니다. 꿩은 밧줄을 묶어 앞에서 당기고 원숭이는 뒤에서 밀었습니다.

"영차, 영차."

세 마리는 장단을 맞추며 무거운 수레를 앞에서 끌고 뒤에서 밀며 갔

습니다.

집에서는 할아버지와 할머니가 번갈아 가며

"이제 돌아올 때가 되었는데."

"이제 돌아올 때가 되었는데."

하며 목을 길게 빼고 모모타로를 기다리고 있었습니다. 그런 곳으로 이윽고 신이 난 모모타로가 도깨비들에게 빼앗은 보물을 가득 실은 수레를 세 마리의 멋진 부하들에게 끌게 하고 득의만면한 모습으로 돌아오자, 할아버지와 할머니는 뛸 듯이 기뻐했습니다.

"장하다, 장해. 그야말로 일본 제일이구나!"

하며 할아버지가 말했습니다.

"그럼, 그럼. 다친 곳이 없어서 다행이다."

하고 할머니가 말했습니다.

모모타로가 개와 원숭이와 꿩을 보고 말했습니다.

"어떠냐. 도깨비 정벌은 즐거웠느냐?"

개는 기분이 좋은 듯 '멍, 멍' 짖으며 뒷발로 섰습니다.

원숭이는 하얀 이빨을 드러내 보이며 '캬, 캬' 하고 웃었습니다.

꿩은 공중을 빙글빙글 돌며 '컁, 컁' 하고 소리쳤습니다.

하늘은 청명하고 마당에는 벚꽃이 흐드러지게 피어 있었습니다.

〈해재〉

「모모타로(桃太郎)」는 일본의 오토기바나시(おとぎ話)[21]의 하나로, 복숭아 열매에서 태어난 사내아이 모모타로가 할아버지와 할머니로부터 수수경단을 받아 개, 원숭이, 꿩을 부하로 삼아 오니가시마(도깨비섬)로 오니(도깨비)를 퇴치하러 가는 이야기다.

그런데 이 표준형보다 오래된 계통의 모모타로 설화는 조금 다른 패턴이었던 것 같다. 모모타로의 출생과 관련해서 복숭아에서 태어났다고 하는 '과생형(果生型)'이 지금은 일반적이지만, 이것은 19세기 초에 처음으로 발견되는 형태로, 그 이전의 그림이 삽입된 대중소설 구사소시(草双紙)에서는 복숭아를 먹은 할아버지와 할머니가 젊어져 아이를 출산하는 형태인 회춘형(回春型)이 주류였다. 다만, 구승 설화 중에는 과생형이 많다.

그 외, 모모타로의 출생 양상에 관해서 '강 위에서 붉은 상자와 하얀 상자가 떠내려와 붉은 상자를 주웠더니 갓난아이가 들어 있었다'라는 식의 색다른 형태도 전해진다. 또는 상자 안에 복숭아가 들어 있는 형

21 아이들에게 들려주는 옛날이야기로, 동화, 민화 등을 가리킨다.

태도 있는데, 이런 이야기 형태는 특히 도호쿠(東北) 지방[22]이나 호쿠리쿠(北陸) 지방[23]을 중심으로 발견된다. 복숭아가 갈라지는 경위에 대해서도 옷장이나 선반(찬장)이나 절구에 넣어 둔 복숭아가 스스로 갈라져 그 안에서 사내아이가 나오는 등, 민간에 전해지는 형태도 다양하다.

모모타로의 성장 과정은 할아버지와 할머니가 기대한 대로 일꾼으로 성장했다는 형태도 있고, 덩치가 크고 힘센 장사로 자라지만, 게으름뱅이로 잠만 잔다는 식의 이야기가 주로 시코쿠(四国)[24]와 추고쿠(中国) 지방[25]에 전해진다. 모모타로 이야기의 기원에 대해서 제2차 세계대전 무렵까지는 아이치현(愛知県)이나 가가와현(香川県)을 이야기의 본고장이라고 보는 설이 우세했으나, 1960년 이후 오카야마(岡山) 지역의 이야기 활성화 운동에 힘입어 지명도가 높아졌다.

이야기의 성립 연대는 정확하지 않지만, 원형(구승문학)의 발생은 무로마치(室町) 시대 말기에서 에도(江戸) 시대 초기 무렵으로 전해진다. 이

22 일본 혼슈(本州)의 동북부에 자리한 아오모리(青森), 아키타(秋田), 이와테(岩手), 야마가타(山形), 미야기(宮城), 후쿠시마(福島) 여섯 현을 가리킨다.

23 혼슈의 추부(中部) 지방에 자리한 후쿠이(福井), 이시카와(石川), 도야마(富山), 니가타(新潟) 네 현을 가리킨다.

24 도쿠시마(徳島), 가가와(香川), 에히메(愛媛), 고치(高知) 네 현을 합한 지역을 가리킨다.

25 혼슈의 남서쪽으로 야마구치(山口), 돗토리(鳥取), 시마네(島根), 히로시마(広島), 오카야마(岡山) 다섯 현을 가리킨다.

후, 에도 시대의 구사소시인 아카혼(赤本) 이후, 마메본(豆本)이나 기뵤시(黄表紙)의 『모모타로(桃太郎)』, 『모모타로 옛날이야기(桃太郎昔話)』 등의 출판으로 더 확산하였다. 현존하는 가장 오래된 문헌은 아카고본(赤小本)인 『모모타로(もゝ太郎)』(1723년 간행)라고 하는데, 일찍이 연구된 원전에는 이보다 더 오래된 겐로쿠(元禄) 이전의 『모모타로 이야기(桃太郎話)』와 겐로쿠 무렵의 『모모타로 옛날이야기(桃太郎昔語り)』 등도 유포되고 있었다.

제7장.

카치카치 산

1

옛날 옛적 어느 곳에 할아버지와 할머니가 살았습니다. 할아버지가 항상 밭에 나가 일을 하고 있으면, 뒷산에서 늙은 너구리 한 마리가 나와 할아버지가 정성을 다해 가꾼 작물을 파헤치고, 할아버지 뒤에서 자꾸 돌멩이와 흙덩이를 던졌습니다. 할아버지가 화를 내며 쫓아가면 너구리는 재빨리 도망쳤습니다. 하지만 금방 다시 돌아와서는 계속 장난을 쳤습니다. 할아버지는 더 이상 참을 수 없어 너구리를 잡으려고 올가미를 쳤습니다. 그러던 어느 날 마침내 너구리가 그 올가미에 걸려들었습니다.

할아버지는 춤을 추며 기뻐했습니다.

"아아, 잘 됐다. 드디어 잡았어."

이렇게 말하고는 너구리의 네 다리를 나무에 묶어 집으로 메고 왔습

니다. 그리고 천장의 대들보에 매달고 할머니에게

"도망가지 못하게 잘 보고, 돌아와서 먹을 수 있게 너구리 장국을 끓여 주시오."

하고 말하며 밭으로 돌아갔습니다.

너구리가 매달려 있는 대들보 아래에서 할머니는 절구통을 꺼내 '콩콩' 보리를 찧었습니다. 그러다가

"아이고, 지쳤다."

하고 말하며 할머니는 이마의 땀을 훔쳤습니다. 그러자 그때까지 얌전히 매달려 있던 너구리가 위에서 말을 걸어왔습니다.

"저기, 할머니. 힘드시면 제가 조금 도와드릴 테니까, 이 밧줄 좀 풀어 주시면 안 될까요?"

"어찌 너 따위에게 도움을 받겠느냐. 밧줄을 풀어주면 도와주기는커녕 곧바로 도망가 버리겠지."

"아니요. 이미 이렇게 붙잡혔는데, 이제 와 도망치겠어요? 그럼, 시험 삼아 한번 내려 보세요."

너무나 집요하고 간절히 부탁하기에 할머니도 얼떨결에 너구리의 말을 곧이곧대로 받아들이고 밧줄을 풀어 내려주었습니다. 그러자 너구리는

"아이고, 아이고."

하며 묶였던 손발을 싹싹 문질렀습니다. 그러고는

“어디 보자. 자, 제가 찧어 드릴 테니 이리 주세요.”
하며, 할머니가 들고 있던 절굿공이를 받아 들고는 보리를 찧는 척하다가 갑자기 할머니의 정수리를 내리쳤습니다.

“꺅!”
하는 비명과 함께 할머니는 순식간에 눈을 뒤집고 쓰러져 숨을 거두고 말았습니다.

너구리는 서둘러 할머니를 요리해서 너구리탕 대신에 할머니 탕을 끓였습니다. 그러고는 할머니로 둔갑해 시치미를 떼고 화로 앞에 앉아 할아버지가 돌아오기를 기다렸습니다.

이런 사실을 모르는 할아버지는
‘저녁 식사로 너구리탕을 먹을 수 있겠구나.’
생각하며 싱글벙글 서둘러 집으로 돌아왔습니다. 그러자 할머니로 둔갑한 너구리는 마치 기다렸다는 듯이
“아이고, 영감 어서 와요. 아까부터 너구리탕을 끓여 기다리고 있었어요.”
하고 말했습니다.

할아버지는
“이런, 이런. 그거참 고맙소.”
하고 말하면서 밥상 앞에 앉았습니다. 그리고 할머니로 둔갑한 너구리의 시중을 받으면서

"이거 참 맛있겠군."

하고 입맛을 다시며 할머니 탕을 한 그릇 후딱 비우고는 또 한 그릇을 받아 정신없이 먹었습니다. 옆에서 그 모습을 보고 있던 할머니로 둔갑한 너구리가 무심결에 '키득 키득' 하고 웃었습니다. 너구리가 무심코 웃는 바람에 그만 정체가 탄로 나고 말았습니다.

"할매 먹은 영감,

저기 개수대 아래 뼈를 봐라."

하고 말하며 너구리는 큰 꼬리를 흔들며 뒷문으로 재빨리 도망쳤습니다.

할아버지는 너무 놀란 나머지 허리에 힘이 쭉 빠져 그 자리에 풀썩 주저앉았습니다. 그리고 개수대 아래에 흩어져 있는 할머니의 뼈를 끌어안고 '엉엉' 소리를 높여 울었습니다.

그러자

"할아버지, 할아버지. 왜 그러세요?"

하고 물으며 뒷산에 사는 흰토끼가 들어왔습니다.

"아, 토끼구나. 잘 와 주었다. 들어보렴. 큰일을 당했단다."

하며 할아버지는 자초지종을 전부 이야기했습니다. 토끼는 할아버지가 몹시 안쓰러워

"아이고, 그거참 황당한 일을 당하셨군요. 하지만 제가 할아버지 원수를 꼭 갚아 드릴 테니까 너무 슬퍼하지 마세요."

하고 믿음직스럽게 말했습니다. 할아버지는 고마움에 눈물을 흘리며

"아, 모쪼록 잘 부탁하네. 정말로 분하고 억울해서 견딜 수가 없다네."

하고 말했습니다. 토끼는

"걱정하지 마세요. 내일은 바로 너구리를 꾀어내 단단히 혼을 내줄 테니까요. 조금만 기다리고 계세요."

하고 말하며 돌아갔습니다.

2

너구리는 할아버지네 집에서 도망쳐 나온 후, 왠지 모르게 두려운 마음이 들어 아무 데도 나가지 않고 굴에 숨어있었습니다.

그런 어느 날, 토끼가 낫을 허리춤에 차고 일부러 너구리가 숨어있는 굴 근처로 와서, 낫으로 계속 싸리를 베었습니다. 그렇게 싸리를 베다가 자루에 넣어 가지고 온 알밤을 꺼내 '와드득 와드득' 씹어 먹었습니다. 그러자 그 소리를 들은 너구리가 굴속에서 어슬렁어슬렁 기어 나왔습니다.

"토끼야, 토끼야. 뭘 그렇게 맛있게 먹고 있냐?"

"응, 알밤."

"나한테도 조금만 나눠줄 수 없어?"

"줄 테니까, 이 싸리 절반을 건너편 산까지 날라줄 수 있겠니?"

알밤을 먹고 싶었던 너구리는 하는 수 없이 싸리를 짊어지고 앞서 걷기 시작했습니다. 그렇게 건너편 산에 도착하자 너구리는 뒤를 돌아보며

"토끼야, 토끼야. 이제 약속한 알밤을 주지 않을래?"

"물론 주고 말고, 산 하나만 더 넘어준다면."

어쩔 수 없어 너구리는 다시 성큼성큼 앞장서 걸었습니다. 너구리는 드디어 눈앞에 보이는 산을 또 하나 넘고는 뒤를 돌아보며

"토끼야, 토끼야. 이제 알밤을 주지 않을래?"

"아, 알았어. 줄 건데 넘는 김에 산 하나만 더 넘어줘. 이번에는 진짜 줄 테니까."

하는 수 없이 너구리는 다시 앞장서서, 맞은편 산까지 서둘러 도착하려고 이번에는 뒤도 돌아다보지 않고 성큼성큼 걸었습니다. 토끼는 그 틈에 품에서 부싯돌을 꺼내

"카치, 카치"

하고 돌을 부딪쳐 불을 일으켰습니다. 너구리는 이상하다고 생각해

"토끼야, 토끼야. 이 '카치, 카치' 하는 소리는 뭐냐?"

"이 산의 이름이 카치카치 산이기 때문이지."

"아, 그렇구나."

하고 말하며 너구리는 다시 걷기 시작했습니다. 그 사이에 토끼가 붙인 불이 너구리가 지고 가던 싸리에 옮겨붙어 '활활' 타올랐습니다. 너구리는 또다시 이상하다고 여겨

"토끼야, 토끼야. 이 '활, 활' 하는 소리는 뭐냐?"

"맞은편 산이 활활 산이기 때문이지."

"아, 그렇구나."

하고 너구리가 말하는 사이 이미 불은 점점 등으로 번져 갔습니다. 너구리가

"앗 뜨거워! 앗 뜨거워 나 좀 도와줘!"

하고 외치며 정신없이 뛰기 시작하자 산바람이 뒤에서 '휘잉' 하고 불어와 불의 기세가 더 맹렬해졌습니다. 너구리는 '아이고, 아이고' 우는 소리를 내며 고통스러워하다가 땅바닥에 뒹굴어 불이 붙은 싸리나무를 간신히 떨어뜨리고는 굴 안으로 숨어들었습니다. 토끼는 일부러 큰 목소리로

"아이고! 큰일났다, 불이야, 불!"

하고 외치면서 돌아갔습니다.

3

이튿날 토끼는 된장 속에 고추를 갈아 넣은 고약을 만들어서 손에 들고 너구리를 문병하러 찾아왔습니다. 너구리는 등 전체에 화상을 입어 '끙끙' 앓는 소리를 내며 깜깜한 굴 안에서 뒹굴고 있었습니다.

"너구리야, 너구리야. 어제 불에 덴 상처는 괜찮니?"

"아파서 견딜 수가 없어. 이 큰 화상은 어떻게 해야 나을까?"

"음, 그래서 말이야, 너무 보기 딱해서 내가 화상에 제일 잘 듣는 고약을 만들어 왔어."

"그래? 그거 고맙네. 어서 발라 줄래?"

이렇게 말하며 너구리가 화상으로 부풀어 올라 빨갛게 헐어있는 등을 내밀자, 토끼는 그 위에 고추 된장을 빈틈없이 덕지덕지 발랐습니다. 그러자 등은 또다시 불이 붙은 것처럼 뜨거워져

"아야, 아야."

하고 너구리는 굴 안에서 데굴데굴 굴렀습니다. 토끼는 그 모습을 보고 싱글싱글 웃으면서

"왜 그래 너구리야. 뭐 그 정도로 그러니. 찌르는 듯한 느낌은 처음에만 그래. 금방 나을 테니까 조금만 참아."

하고 말하며 돌아갔습니다.

4

그러고 나서 4, 5일이 지난 어느 날, 토끼는

'너구리 녀석, 어떻게 됐을까? 이번에는 바다로 한번 데리고 가서 혼

을 내줘야지.'

하고 혼잣소리를 하고 있는데, 불쑥 너구리가 찾아왔습니다.

"이런, 이런. 너구리야, 화상은 다 나았니?"

"응. 덕분에 이제 거의 다 나았어."

"그거 다행이네. 그럼, 우리 다른 곳으로 가볼까?"

"아냐, 이제 산은 지긋지긋해."

"그럼, 산은 그만두고 이번에는 바다로 가보는 게 어때? 바다는 물고기도 잡을 수 있으니까."

"오, 바다라면 재미있겠는걸!"

그렇게 토끼와 너구리는 함께 바다로 나갔습니다. 토끼가 나무배를 만들자, 너구리는 부러워하며 토끼를 흉내 내 흙으로 배를 만들었습니다. 배가 완성되어 토끼는 나무배에 올라탔습니다. 너구리는 흙 배에 올라탔습니다. 그리고 각자 배를 저어 먼 바다로 나갔습니다.

"날씨가 참 좋네."

"경치도 정말 좋은데."

하고 말하며, 너구리가 신기한 듯 바다를 바라보고 있는데, 토끼가

"여기에는 물고기가 안 보이네. 더 먼바다 쪽으로 저어 가보자. 자, 누가 더 빠른지 경주할까?"

하고 말했습니다. 그러자 너구리는

"좋아, 좋아. 그거 재미있겠다."

하고 말했습니다.

둘은 '하나, 둘, 셋' 출발 구호를 외치기가 무섭게 노를 젓기 시작했습니다. 토끼는 뱃머리를 탕탕 두드리면서

"어떠냐? 나무배는 가볍고 빠르지."

하고 말했습니다. 그러자 너구리도 질 수 없다는 듯이 배를 콩콩 두드리며

"뭐라는 거야? 흙 배야말로 무겁고 튼튼하지."

하고 말했습니다.

그러는 사이에 너구리의 배는 점점 물이 스며들어 허물어지기 시작했습니다.

"으악, 큰일났나. 배가 부서진나."

하고 너구리가 깜짝 놀라 소란을 피우기 시작했습니다.

"아아, 가라앉는다, 가라앉아! 제발 나 좀 살려줘!"

토끼는 너구리가 당황해하는 모습이 재미있다는 듯 쳐다보면서

"꼴 좋다. 할머니를 속여 죽이고, 할아버지에게 할머니 탕을 먹인 대가다."

하고 말했습니다. 그 말을 들은 너구리는 이제 절대 그런 짓은 하지 않을 테니 제발 살려달라고 토끼에게 싹싹 빌었습니다. 그러는 동안 배는 점점 허물어져 '어푸어푸'할 새도 없이 너구리는 결국 배와 함께 가라앉고 말았습니다.

〈해제〉

인간과 동물, 동물과 동물 간 갈등을 주제로 한 옛날이야기다. 줄거리를 정리하면 이렇다. 할아버지가 밭을 파헤치는 너구리를 잡아 집의 대들보에 묶고 할머니에게 돌아올 때까지 너구리탕을 끓여놓을 것을 부탁한 후 다시 밭으로 나간다. 할머니가 쌀을 빻기 시작하자 너구리는 도와줄 테니 풀어달라고 조른다. 마지못해 풀어주었더니 너구리는 할머니의 머리를 절굿공이로 내리쳐 죽이고 할머니로 탕을 끓인다. 할머니로 둔갑한 너구리는 밭에서 돌아온 할아버지에게 너구리탕이라고 속여 할머니 탕을 먹이고는 숲으로 도망간다.

이 사실을 안 토끼는 할아버지를 동정하여 너구리가 숨은 굴 앞으로 가서 싸리를 베다가 들으라는 듯 밤을 오도독하고 소리내어 씹는다. 배고픈 너구리가 이 소리를 듣고 밤을 달라고 조르자, 이를 빌미로 너구리를 꾀어 땔감을 지고 산을 넘게 하고는 땔감에 불을 붙여 화상을 입힌다. 그러고는 화상에 좋다고 속여 고추를 넣은 고약을 발라주어 너구리의 고통은 가중된다. 종국에는 배를 만들어 바다에서 뱃놀이하다가 흙 배를 만든 너구리는 물에 빠져 죽는다는 이야기다.

아카혼에 실린 이후, 다양한 문헌에서 발견되는 옛날이야기로, 에도

시대의 5대 옛날이야기 중 하나로 손꼽힌다. 아카고본(赤小本)[26]인 『토끼의 공로(兎の手柄)』(1673~80 무렵)가 가장 오래된 기록이라고 알려져 있다. '카치카치 산(かちかち山)'이라는 제목은 토끼가 불을 붙일 때 부싯돌 소리를 들은 너구리가 무슨 소리인지 묻고 여기에 토끼가 답할 때 하는 대화에서 유래한다. 어떤 책에서는 너구리의 물음에 토끼가 "카치카치 산의 카치카치 새가 우는 소리"라고 답한다. 발음에서 일본에서는 쉽게 볼 수 없는 새인 '까치'를 연상하게 한다.

메이지(明治) 시대 이후에도 그림책(絵本) 등의 읽을거리로 널리 보급되었다. 옛날이야기에는 「토끼와 곰(兎と熊)」처럼, 아카혼 계통과는 다소 상이한 유사 형태도 있다. 예를 들어, 토끼와 곰이 오두막집을 짓기 위해 억새를 베러 간다. 토끼는 곰에게 억새를 짊어지게 하고 자신은 그 위에 올라탄다. 도중에 토끼가 억새에 불을 지른다. 이어서 화상에 바르는 약과 흙 배가 등장하고 너구리처럼 곰은 죽음을 맞이한다. 토끼는 아이들만 있는 어느 인가로 가서 곰을 삶아 먹는다. 부모가 돌아와 토끼를 붙잡는다. 아이들에게 토끼를 움직이지 못하도록 잡게 하고 칼을 가지러 간 사이 토끼는 아이들을 속이고 도망간다. 또한, 이 이야기와 대체로 유사한 옛날이야기에 토끼와 호랑이의 갈등을 그린 이야기가 한국과 미얀마에서도 몇 사례 발견된다. 「토끼와 곰(兎と熊)」은 「카치

26 초기 아카혼 중에서 다른 것에 비해 크기가 다소 작은 책을 이르는 말.

카치 산」의 원형에 가까운 옛날이야기일 것으로 추정된다.

「카치카치 산」의 앞단은 「토끼와 곰(兎と熊)」의 후단에서 전화한 것으로 추정된다. 원래 영악한 동물을 주인공으로 하는 연쇄물의 일례로, 부분적으로 일치하는 옛날이야기는 동남아시아에서도 발견되며, 북아메리카 인디언 사이에도 유사한 이야기가 전해진다.

제8장.

고양이 이야기

1

옛날 옛적, 교토에 쥐가 들끓어 심각한 문제가 발생한 적이 있습니다. 쥐들은 부엌 안에 놓아둔 먹을거리나 찬장에 있는 음식을 훔쳐 달아나고, 창호지와 장지에 구멍을 내거나 옷장에 구멍을 뚫어 옷들을 물어뜯고, 밤낮으로 천장 위와 방구석을 헤집고 다니며 제멋대로 날뛰었습니다.

더 이상 보고만 있을 수는 없다고 생각한 임금님은 어느 날, 고양이를 키우는 모든 집은 고양이의 목줄을 풀어 놓으라 명했습니다. 명령에 따르지 않는 자는 벌을 받게 되었습니다. 이 일이 있기 전까지는 어느 집이든 고양이에게 목줄을 묶어 집 안에 가두고, 가다랑어포 밥을 먹이며 애지중지 기르고 있었습니다. 이런 이유로 고양이들은 자유로이 뛰어다니며 쥐를 잡는 일이 없었기 때문에 결국 쥐들이 지금처럼 날뛰게 된 것입니다.

그러나 임금님의 명으로 고양이의 목줄이 풀리게 되자, 마을 안의 삼색 고양이, 얼룩 고양이, 검은 고양이, 흰 고양이 할 것 없이, 모두가 자유로워져 너무 흥분한 나머지 온 도성 안을 누비며 돌아다녔습니다. 어디를 가나 엄청난 수의 고양이가 나다녀 그야말로 고양이 세상이 된 것 같았습니다.

이렇게 되자 쥐들은 하루아침에 곤경에 처했습니다. 어제까지만 해도 자신들의 세상인 양 제멋대로 굴었지만, 지금은 온종일 캄캄한 구멍 속에 틀어박혀 지내야 했습니다. 잠깐이라도 밖으로 얼굴을 내밀라치면 이미 그곳에는 고양이가 날카로운 발톱을 세우고 기다리고 있었습니다. 밤에 무심코 음식물을 뒤지러 부엌으로 나왔다가는 고양이가 어둠 속에서 눈을 번뜩이고 있어 어떤 일을 당할지 알 수 없었습니다.

2

"이래서는 도저히 살기 어려워. 이런 상황이 지속되면 굶어 죽을 수밖에 없어. 일이 더 커지기 전에 어떻게든 고양이를 막을 방법을 찾아야 해."

하고, 어느 날 밤 모든 쥐가 사찰 본당 마루 밑에 모여 회의를 열었습니다.

그중에서 희끗희끗한 털이 많아 가장 연배가 높아 보이는 쥐가 한층

높은 단 위에 올라서서

"여러분, 참으로 어처구니없는 세상이 되었습니다. 원래 고양이는 전복에 가다랑어포 밥이나 국밥을 먹으며 사는 게 맞는데, 우리 쥐들을 잡아먹는다는 게 말이나 되는 소리입니까? 이대로 내버려두었다가는 얼마 지나지 않아 이 세상의 쥐는 다 사라지게 될 것입니다. 도대체 어떻게 하면 좋겠소?"

그러자 기운이 세 보이는 젊은 쥐 한 마리가 벌떡 일어나더니

"고양이가 잠자는 틈을 노려서 단숨에 목젖을 확 물어버립시다!"

하고 말했습니다.

모두가 "찬성!"이라는 듯한 표정을 지었지만, 누구 하나 앞장서서 고양이를 향해 나아가려는 자는 없었습니다.

그러자 등이 굽은 또 다른 쥐가 무장처럼 앉은 채로 느릿느릿한 목소리로 말했습니다.

"아무리 그래도 고양이에게는 못 당하지. 그만 체념하고 시골로 내려가서 들쥐가 되어 마음 편히 사는 게 낫지 않겠소?"

하고 말했습니다.

분명, 시골에 가서 들쥐가 되어 나무뿌리나 수수 껍데기를 갉아 먹고 사는 것이 마음 편하겠지만, 지금까지 도시에서 맛난 음식을 실컷 먹으며 재미를 보던 쥐들에게는 좀처럼 결심이 서지 않았습니다.

그러던 중, 어딘지 똑똑해 보이고 머리가 흰 쥐가 일어섰습니다. 그는

침착한 말투로

"음……, 그냥 인간에게 부탁해서 고양이의 목줄을 다시 매달라고 하는 것이 좋지 않겠소?"

하고 말했습니다.

그러자 모두가 한목소리로

"그래. 그게 좋겠네."

하고 맞장구를 쳤습니다.

그래서 머리가 희끗희끗한 의장 쥐가 모두를 대표해서 다시 한번 도성에 사는 고양이의 목줄을 매달라고 부탁하기 위해 이곳 사찰 스님을 찾아가게 되었습니다. 머리가 희끗희끗한 쥐는 즉시 본당으로 올라와 스님이 기거하는 방으로 살금살금 기어 올라가

"스님, 스님. 부탁드릴 것이 있습니다."

하고 말했습니다.

스님은 깜짝 놀라 눈을 떴습니다.

"오, 누군가 했더니 쥐로구나. 그래, 부탁이라는 게 무엇이냐?"

"네, 스님도 아시다시피 요즘 임금님의 명으로 마을의 고양이가 모두 목줄에서 벗어나 날뛰는 탓에 죄 없는 우리 쥐 중에 밤마다 고양이의 날카로운 발톱에 걸려 목숨을 잃는 자가 얼마나 많은지, 셀 수조차 없습니다. 이제 하루 종일 먹을 것도 없는 구멍 안에 들어앉아 배고픔에 시달리다 죽거나, 허기를 견디지 못해 밖에 나갔다가 고양이에게 잡아

먹히고 있습니다. 다른 해법이 없습니다, 스님. 부디 자비를 베풀어 다시 한번 고양이에게 목줄을 매어 두도록 임금님에게 상소해 주십시오. 오늘은 그 부탁을 드리러 이렇게 찾아왔습니다."

쥐는 공손히 두 손을 모으고 스님에게 말했습니다.

스님은 잠시 생각하다가

"과연, 들어보니 사정이 딱한 건 알겠다만, 이제까지 쥐들이 갖가지 나쁜 소행을 저질러 온 것은 사실이 아니더냐? 예를 들어, 너희들이 사람이 버린 음식이나 흘린 음식만 주워 먹었다면 문제가 없었겠지만, 지금까지 너희들은 밤낮 할 것 없이 사람들의 집 안을 마음대로 뛰어다니며 도둑질을 일삼고, 의복을 찢고, 못된 장난만 쳐대다가 이제 와서 고양이 때문에 고통을 당한다고 죽는소리를 한들 나로서는 어찌할 방도가 없다. 자업자득이라고밖에 할 말이 없구나."

스님에게 한 소리를 들은 머리가 희끗희끗한 쥐는 실망하여 돌아왔습니다.

마루 밑으로 돌아오자, 나이가 지긋한 쥐나 젊은 쥐나 큰 쥐나 작은 쥐나 모두 할 것 없이, 머리가 희끗희끗한 쥐가 스님을 만나러 가기 전처럼 목을 길게 빼고 수염을 세우며 기다리다가

"돌아왔네요."

"잘 다녀오셨어요?"

하며 반겨주었습니다. 하지만 머리가 희끗희끗한 쥐가 스님을 만났지

만 매몰차게 거절당했다고 이야기하자, 모두는 실망해서 다시 시끌벅적 떠들어댔고, 끝이 보이지 않는 회의를 시작했습니다. 그러다가 날이 밝았습니다. 이렇게 많은 쥐가 모여 있다가 고양이에게 들키기라도 하면 그야말로 큰일이었기에

'내일 저녁 다시 한번 스님이 계신 곳으로 모두 함께 가서 부탁하기로 하자.'

라는 것만 정하고 다시 살금살금 각자의 구멍 속으로 뿔뿔이 흩어져 돌아갔습니다.

3

한편, 고양이들도 어제 쥐들이 스님에게 부탁하러 갔었다는 말을 듣고는 즉각

"이건 가만히 있을 수 없는 일이다."

하고 말하며 많은 고양이가 마을 변두리 들판에 모여 앉아 회의를 시작했습니다.

먼저 그중에서 가장 나이가 많은 흰 고양이가 한층 높은 돌 위에 올라서서

"여러분, 듣기로는 이번에 우리 고양이들이 자유롭게 풀려 난 일에

대해 쥐들이 불만을 품고, 어젯밤 절의 주지 스님을 찾아가 다시 한번 우리를 묶어 줄 것을 임금님께 상소해 달라고 부탁했다고 합니다. 이것은 실로 괘씸한 이야기로 원래 쥐는 고양이의 먹잇감으로 아주 오래전부터 신께서 정하셨습니다. 게다가 잘 아는 것처럼 쥐는 항상 나쁜 짓을 하고 다니며 인간에게 손해만 끼치는 못된 놈들입니다. 만일 쥐 녀석들이 스님께 부탁한 일이 공론화되면 모처럼 자유로워진 우리가 또다시 예전의 갑갑한 처지로 되돌아갈 수도 있으니 이대로 가만두어서는 절대 안 됩니다. 당장 스님께 가서 그런 일이 일어나지 않도록 막아야 합니다."

이렇게 말하자 모두가 한목소리로

"찬성, 찬성! 자 그럼, 지금 바로 '흰 할아버지'가 가시는 걸로 정하지요."

하고 말했습니다. 그렇게 흰 고양이는 모두를 대표해서 주지 스님을 찾아갔습니다.

"주지 스님, 우연히 들었는데, 어젯밤 쥐가 스님 계신 곳으로 찾아와서 저희 험담을 했다고 들었습니다. 정말 괘씸하기 짝이 없습니다. 쥐라는 놈들은 인간의 눈으로 보면 도둑놈 같은 녀석들로, 자비를 베풀면 베풀수록 더 나쁜 짓을 하지요. 만약 사람들이 쥐의 말을 받아들여 우리가 다시 목줄에 매이는 일이 발생하면 놈들은 자신들 세상이라고 날뛰며 또다시 인간들에게 어떤 손해를 입힐지 모릅니다. 그런 쥐들과는 달리, 우리 고양이들은 천축[27]의 호랑이 자손이지만, 이곳 일본은 작고 온화한 나라이기에 이 나라에 정착하면서 지금과 같이 조그맣고 착한 동물이 된 것입니다. 하지만 정말 제대로 화가 나서 원래 호랑이의 본성으로 되돌아가면 그 어떤 짐승도 두렵지 않은 무시무시한 동물이 될 것입니다. 그러니까 이번에 임금님의 명으로 우리가 목줄이 풀려서 생활하게 된 것에 감사해 지금은 쥐를 잡는 일로 시작했지만, 인간에게 해를 끼치는 짐승들을 모조리 퇴치할 작정입니다."
하고 말했습니다.

주지 스님은 고양이가 교만스럽게 늘어놓는 말을 웃으며 들어주다가

"그래, 그래. 그건 네 말이 옳다. 그래서 쥐가 하는 말은 들어주지 않고 돌려보냈으니 안심하거라."
하고 말했습니다.

그러자 고양이는 어깨가 으쓱해져서 꼬리를 흔들며 모두가 목을 길게 빼고 기다리는 곳으로 돌아가

"여러분, 염려 마시오. 스님께서 우리의 말을 들어주셨습니다."
하고 말했습니다.

그러자 고양이들은 저마다

"만세, 만세. 이제 안심해도 좋겠다."

27 천축(天竺, てんじく): 천축국의 다른 말로 인도를 가리키는 옛말

하며 서로 손을 맞잡고

'우리는 고양이, 고양이로다'

춤을 추었습니다.

그러자, 이 소식을 들은 쥐들 사이에서는

"고양이 녀석들이 스님한테 우리 말을 들어주면 안 된다고 부탁하러 갔었대."

"스님이 우리가 부탁한 말은 임금님 앞에서 절대 꺼내지 않겠다고 고양이한테 약속하셨대."

"그게 말이야, 고양이는 천축의 호랑이 자손으로 인간을 위해 세상의 못된 짐승들을 퇴치한다고 으스댔다고 하더라고."

쥐들은 저마다 이런저런 이야기를 시끌시끌하게 떠들어대며 다시 사찰의 마루 아래에서 회의를 열었습니다. 하지만 별다른 묘책은 나오지 않았습니다.

"이제 더 이상 스님에게 부탁을 해봐도 아무 소용이 없으니 오늘 밤 스님에게 가는 것은 포기하자. 그리고 날이 밝기 전에 그만 교토를 떠나 시골로 내려가자."

누가 먼저라고 할 것도 없이, 나이를 먹은 쥐들 사이에서는 이런 의견이 모아져 모두는 허둥지둥 야반도주할 채비에 들어갔습니다.

그러자 다시 원기 왕성한 젊은 쥐들이 분한 마음에

"잠깐만 기다려 주세요. 단 한 번도 전쟁다운 전쟁을 해보지도 못했는데, 허망하게 도시를 적에게 내주고 시골로 도망을 간다니 참으로 한심한 이야기가 아닙니까? 그렇게 해서 목숨은 부지한다고 해도, 앞으로 아주 오랫동안 동물들의 웃음거리가 되어 만족스러운 교류도 할 수 없게 될 것입니다. 그런 창피한 꼴을 당할 바에야 어찌 되든 간에 죽기 살기로 고양이와 한번 싸워 보는 게 낫지 않을까요? 싸워서 운 좋게 이기기라도 하면 더 이상 이 세상에 무서울 것은 하나도 없게 되겠지요. 천장 귀퉁이든 부엌이든 벽의 구석이든 세상에 거리낄 것 없이 모두 우리의 구역이 되는 겁니다. 만약 진다면 베개를 가지런히 놓고 깨끗하게 죽으면 되는 거지요."
하고 말하며 분한 듯 이를 갈았습니다.

그 기세가 워낙 용맹스러웠기 때문에 겁쟁이처럼 도망치려고 했던 다른 쥐들도 얼떨결에 그의 말에 넘어가

"그래, 그게 좋겠어, 그렇게 하자."

"그래. 고양이 따위 하나도 안 무서워."

하고 이번에는 갑자기 의기투합하여 전쟁 준비를 시작했습니다.

그러자 고양이들도 이내 쥐들의 생각을 알아차리고

"무슨 얘기야, 쥐 주제에 건방지게."

"좋아, 모두 덤벼. 한방에 다잡아 죽여주지."

하고 갑자기 발톱을 갈거나, 이빨을 문지르며, 쥐들의 기세에 주눅 들지 않고 전쟁 준비에 돌입했습니다.

"정말 재밌겠다, 쥐새끼들. 어서, 어서 덤벼라."
하고, 고양이들은 쥐들을 기다렸습니다.

4

드디어 모든 준비가 끝나고 많은 쥐가 한곳에 모이자, 쥐들은 부모 쥐에 새끼 쥐, 할아버지 쥐에 할머니 쥐, 아저씨 쥐에 아줌마 쥐, 사위 쥐에 며느리 쥐, 그리고 손자에 증손자, 고손자 쥐까지 수만 수천의 쥐들이 새까맣게 모여 줄을 지어 고양이들의 진영이 있는 골목 들판을 향해 공격해 들어갔습니다.

고양이 쪽에서도

'옳지, 왔다!'

하는 말이 전달되자, 삼색 고양이와 호랑 고양이, 검은 고양이와 흰색 고양이, 얼룩 고양이와 꿩 무늬 고양이, 도둑고양이와 들고양이 할 것 없이, 모두가 한데 모여 송곳니를 갈아 세우고 쥐들을 향해 달려 나갔습니다.

고양이와 쥐들은 서쪽과 동쪽으로 나뉘어 서로를 노려보다가 당장이라도 덤벼들 기세로 기회를 엿보고 있는데, 난데없이 주지 스님이 이야기를 듣고 싸움을 말리러 왔습니다. 스님은 고양이 진영과 쥐 진영 한

가운데에 꼿꼿이 서서 양팔을 벌리고

"자, 자, 그만 진정들 하게."

하고 말했습니다. 그러자, 등의 털을 곤두세우고 흥분해 있던 고양이들과 쥐들은 얌전해져 주지 스님의 얼굴을 바라봤습니다.

주지 스님은 먼저 쥐들을 향해 말했습니다.

"여기 좀 봐라. 너희들이 아무리 필사적으로 싸워봤자 고양이를 이길 수는 없는 법. 한 마리도 남김없이 잡아먹혀 결국 이 들판의 흙이 되겠지. 나는 그걸 지켜보는 게 안쓰럽다. 그러니 너희들도 이제부터 마음을 고쳐먹고, 분수에 맞게 사람들이 먹다 버리거나 남은 음식물 또는 볏섬에서 넘친 쌀이나 콩을 주워 목숨을 부지하는 게 어떻겠느냐? 그리고 사람들에게 해가 되는 못된 짓을 깨끗하게 청산하겠다고 하면 고양이들에게 너희들의 뜻을 전하고 앞으로 너희들을 사냥하지 않도록 해주겠다."

스님의 말을 들은 쥐들은 기뻐 안도하며 말했습니다.

"이제 절대 나쁜 짓을 하지 않을 테니, 고양이들에게 우리들을 잡지 말아 달라고 말씀해 주세요."

쥐들의 말을 들은 스님은

"물론이다. 그 대신 너희들이 또 못된 짓을 하면 당장 고양이에게 말해 그 즉시 잡게 할 것이다. 잘 알겠느냐?"

하고 주지 스님이 힘주어 말하자

"예, 잘 알겠습니다."

하고 쥐들은 큰 소리로 대답했습니다.

그래서 스님은 뒤로 돌아 이번에는 고양이들을 향해 말했습니다.

"여길 보거라. 너희들도 쥐들이 저렇게 반성하고 있으니, 이번 일은 이 정도로 하고, 앞으로 쥐를 괴롭히지 말길 바란다. 그 대신 쥐들이 못된 짓을 다시 하면 언제든지 발견하는 즉시 잡아먹어도 좋다. 어떤가, 받아들여 주겠나?"

"좋습니다. 쥐가 못되게 굴지만 않는다면 우리도 전복과 가다랑어포 밥과 국밥을 먹는 것으로 만족하겠습니다."

이렇게 고양이들이 한목소리로 말하자 스님도 만족스러운 듯 싱글벙글 웃으며

"이제야 안심이 되는구나. 쥐는 고양이를 당할 수 없고, 고양이는 역시 개를 당할 수 없다. 강한 것 위에는 더 강한 것이 있지. 여기서 어느 한쪽이 이긴다고 해도, 그것으로 세상에 두려운 존재가 전부 사라지는 것도 아니고, 세상을 마음 내키는 대로 살 수 있는 것도 아니지. 그러니까, 모두가 자기 자신의 타고난 신분에 만족하며 짐승은 짐승끼리, 새는 새끼리, 인간은 인간끼리, 사이좋게 지내는 것만큼 좋은 것은 없다. 그 이치를 알았다면 이제 모두 얌전하게 돌아가거라. 알겠느냐?"

"예, 스님. 이제 더 이상 죄 없는 쥐는 잡지 않겠습니다."

"맞습니다. 저희도 결코 쓸데없이 남의 물건을 훔치거나 해하지 않겠

습니다."

고양이들과 쥐들은 입을 모아 이렇게 말한 후, 주지 스님에게 꾸벅 절을 하고는 자신들의 영역으로 줄줄이 돌아갔습니다.

〈해제〉

「고양이 이야기(猫の草子)」는 에도 시대 초기 오사카에서 출판사를 운영하던 시부카와 세이에몬(渋川清右衛門)이라는 사람이 『오토기조시(御伽草子)』[28]라는 이름으로 삽화가 들어간 23편의 이야기를 목판 인쇄물로 간행했는데, 그중 한 편이다. 『오토기조시』 안에 수록된 이야기의 대부분은 무로마치(室町) 시대에서 전해진 것이며, 에도 시대를 배경으로 하는 것은 「고양이 이야기」뿐이다.

고양이를 묶어 놓지 않도록 하는 법령이 1602년 8월 중순 교토에 내린 것은 역사적 사실이었던 것으로 전해진다. 당시 전란의 상처가 회복되어 가면서 도시부에 사람들이 모여들고, 쥐로 인한 피해가 심각한 상황이었던 것으로 추정된다. 단, 자유롭게 나다닐 수 있게 된 고양이 중에는 행방불명이 되거나 개에게 물려 죽는 일이 발생하기도 했다. 그 사실이 1602년에 기록된 니시노도인(西洞院) 도키요시(時慶)의 일기 『도키요시쿄키(時慶卿記)』에 발견된다.

---

28 '오토기조시'는 무로마치 시대부터 에도 시대 초기에 걸쳐 만들어진 아녀자와 노인을 위한 소박한 단편 소설을 총칭한다.

고양이는 불교 경전과 함께 7세기 무렵에 일본에 들어왔는데 오랜 기간 진기한 동물로 취급되어, 황족이나 귀족이 애완용으로 줄에 묶어 길렀다. 그러나 에도 초기 무렵부터 세상을 자유롭게 나다닐 수 있게 된 것이다. 「고양이 이야기」는 그런 역사의 단면을 전하고 있다.

제9장.

혀 잘린 참새

1

옛날 옛적 어느 곳에 할아버지와 할머니가 살고 있었습니다.

자식이 없었기 때문에 할아버지는 새끼 참새 한 마리를 바구니에 넣어 소중히 키우고 있었습니다.

어느 날 할아버지는 평소처럼 땔감을 구하러 산으로 가고, 할머니는 우물가로 가서 빨래를 하고 있었습니다. 그런데 할머니가 빨래에 사용할 풀을 깜빡 부엌에 놓아두고 집을 비우는 바람에 새끼 참새가 바구니에서 졸랑졸랑 걸어 나와 풀을 남김없이 먹어버렸습니다.

할머니가 풀을 가지러 집으로 돌아와 보니 접시는 깨끗하게 비어 있었습니다. 풀을 모두 참새가 먹어 버린 것을 안 심보 고약한 할머니는 크게 화를 내며, 그 작은 참새를 붙잡아 억지로 입을 벌려

“이 혀가 그런 못된 짓을 한 것이냐.”

말하며 가엾게도 혀를 가위로 싹둑 잘라버렸습니다. 그러고는

"자, 어디로든 가 버려"

하고 풀어줬습니다. 참새는 불쌍한 목소리로

"아야, 아야."

울면서 날아갔습니다.

저녁이 되어 할아버지는 땔감을 짊어지고 산에서 돌아와

"아, 피곤하다. 참새도 배고프겠지. 자자, 먹이를 주마."

하고 바구니 앞으로 다가갔습니다. 그런데 바구니 안에는 참새가 없었습니다. 깜짝 놀란 할아버지는 어찌 된 일인지 궁금하여

"할멈, 할멈, 참새는 어디 간 거요?"

하고 묻자, 할머니는

"참새 말인가요. 참새가 제 소중한 풀을 다 먹어버려 혀를 잘라 내쫓아버렸어요."

하고 아무렇지 않은 투로 말했습니다. 할아버지는

"아이고, 불쌍해라. 왜 그리 무정한 짓을……."

하고 말하며, 할머니에게 실망한 표정을 지었습니다.

2

할아버지는, 참새가 혀가 잘린 채 어디로 간 것인지 걱정이 되어 견딜 수 없었습니다. 그래서 이튿날 날이 밝자마자 바로 집 밖으로 나가 참새를 찾기 시작했습니다. 할아버지는 가는 길마다 지팡이로 풀숲을 헤치며

"혀를 잘린 참새야,

묵는 곳은 어디니.

짹, 짹, 짹."

하고 외치면서 목적지도 모른 채 참새를 찾아다녔습니다. 들판을 지나고 산을 넘고, 또 들판을 지나고 산을 넘어 큰 덤불이 있는 곳에 이르렀습니다. 그러자 덤불 속에서

"혀를 잘린 참새가,

묵는 곳은 여기요.

짹, 짹, 짹."

하는 소리가 들렸습니다. 할아버지가 기뻐하며 목소리가 나는 쪽으로 다가가자, 덤불숲 안에 빨간색의 예쁜 집이 있는데, 혀 잘린 참새가 그 집 문을 열고 마중을 나왔습니다.

"할아버지, 정말 잘 오셨어요."

"오오, 오오, 무사했구나. 네가 너무 보고 싶어서 이렇게 찾아왔단다."

"어쩜, 이렇게 고마울 때가 있을까요. 자, 안으로 들어오세요."

이렇게 말하며 참새는 할아버지의 손을 잡고 집 안으로 안내했습니다.

참새는 할아버지 앞에 공손히 앉아

"할아버지, 여쭤보지도 않고 소중한 풀을 먹어버려서 정말 죄송해요. 그런데도 화도 내지 않으시고, 참 잘 찾아와 주셨네요."

하고 말하자, 할아버지도

"무슨 그런 말을. 내가 없는 틈에 황당한 일을 당했더구나. 하지만 이렇게 다시 만나니 정말 기쁘구나."

하고 말했습니다.

참새는 형제들과 친구들을 빠짐없이 불러 모아 할아버지가 좋아하는 음식을 잔뜩 대접하고, 흥겨운 노래에 맞춰 다 같이 참새 춤을 췄습니다.

할아버지는 기쁨에 취해 집에 돌아가는 것조차 잊고 있었습니다. 그 사이에 날이 점점 어두워져 할아버지는

"덕분에 오늘은 재밌는 하루를 보냈구나. 날이 저물기 전에 집에 가봐야겠다."

하고 일어섰습니다. 참새는

"누추한 곳이지만, 모처럼 오셨으니 오늘 밤은 여기서 묵어가세요."

하고 말하며, 모두가 돌아가려는 할아버지를 붙잡았습니다.

"고맙지만 할머니도 기다리고 있을 테니, 오늘은 돌아가야겠구나. 앞으로 자주 오마."

"그거참 아쉽네요. 그러면 선물을 준비했으니 잠시 기다려 주세요."
말하고는 집 안쪽으로 들어가 덩굴나무로 만든 옷궤를 두 개 들고나왔습니다. 그리고

"할아버지, 하나는 무거운 옷궤고 하나는 가벼운 옷궤예요. 어느 쪽이든 마음에 드는 걸 가져가세요."
하고 말했습니다.

"대접을 받은 것만으로 고마운데, 이렇게 선물까지 준비해 주다니 참으로 미안하구나. 하지만 성의를 생각해서 받아 가마. 그런데, 내가 나이도 먹고, 또 집도 머니 가벼운 옷궤를 받아 가는 것으로 하마."
말하며 할아버지는 가벼운 옷궤를 어깨에 짊어지고는

"그럼, 잘 있거라. 또 오마."

"네, 기다리고 있겠습니다. 부디 조심해서 돌아가세요."
하고 참새는 문 앞까지 나와 할아버지를 배웅했습니다.

3

날이 저물었는데도 웬일인지 할아버지가 돌아오지 않자, 할머니는

"어디에 간 걸까?"
하고 혼잣말로 중얼거렸습니다. 그때 할아버지가 선물로 받은 옷궤를

짊어지고 집으로 돌아왔습니다.

"영감, 지금까지 어디에서 뭘 하다가 온 거예요?"

"마, 그렇게 화부터 내지 마시게. 오늘은 참새네 집을 방문해서 이것저것 많이 대접받고, 참새 춤도 구경하고, 거기다가 보다시피 멋진 선물까지 받아왔소."

이렇게 말하며 옷궤를 내려놓자, 할머니는 바로 생글생글 웃는 얼굴을 하고

"어머, 그거참 좋았겠네요. 그런데 궤 안에는 도대체 무엇이 들어 있을까요?"

하고 말하며 서둘러 옷궤의 뚜껑을 열었습니다. 그러자, 바구니 안에는 눈이 번쩍 뜨일 정도로 많은 금, 은, 산호, 그리고 보배로운 구슬들이 가득했습니다. 그것을 본 할아버지는 자못 득의양양한 얼굴로 말했습니다.

"호오. 참새가 무거운 옷궤와 가벼운 옷궤 두 개를 꺼내더니 어느 쪽이든 좋은 것을 가져가라고 해서, 난 나이도 먹고 돌아가는 길도 머니, 가벼운 옷궤로 결정해서 받아 온 것인데, 이렇게 귀한 물건이 들어 있으리라고는 상상도 못 했소."

그러자 할머니는 갑자기 보로통한 얼굴을 하고

"바보 같은 영감. 왜 무거운 옷궤를 받아 오지 않은 것이오? 무거운 쪽이 분명 좋은 물건이 더 많이 들어 있었을 텐데."

"그리 욕심부리지 마시게. 좋은 물건이 이만큼이나 들어 있는데, 충

분치 않다는 게요?"

"어째서 이게 많다고 하는 것이오. 알았소, 알았소. 지금 내가 가서 무거운 옷궤도 받아 올 테니."

하고 말하며, 말리는 할아버지의 말도 듣지 않고 다음 날 아침까지 기다리지도 않고 할머니는 바로 집을 나섰습니다.

이미 밖은 어두웠지만, 할머니는 단지 무거운 옷궤를 받아올 욕심에 막무가내로 지팡이를 짚으며

"혀를 잘린 참새야,

묵는 곳은 어디니.

짹, 짹, 짹."

하고 계속 물으면서 갔습니다. 들판을 지나고, 산을 넘고, 또 들판을 지나고 산을 넘어 큰 대나무 숲 있는 곳까지 다다르자, 숲속에서

"혀를 잘린 참새가

묵는 곳은 여기요.

짹, 짹, 짹."

하는 소리가 들려왔습니다. 할머니는

'옳거니'

하고, 소리가 들리는 쪽으로 걸어갔습니다. 그러자, 혀 잘린 참새가 할아버지 때와 마찬가지로 이번에도 문을 열고 나왔습니다. 그러고는 다정하게

"어머, 할머니셨군요. 잘 오셨어요."
하고 말하며, 할머니를 집 안으로 안내했습니다. 그리고
"자, 어서 들어오세요."
하고 할머니의 손을 잡고 방 안으로 안내하려고 했으나, 할머니는 뭐가 그리 조급한지 두리번두리번 사방을 둘러볼 뿐 자리에 앉으려고도 하지 않았습니다.

"아니다. 네가 무사한 것을 봤으니 이제 됐다. 나는 신경 쓰지 말고, 그보다 어서 선물을 받고 작별 인사를 하고 싶구나."

느닷없이 선물을 재촉하는 욕심 많은 할머니 모습에 참새는 기가 막혔지만, 할머니가 아랑곳하지 않고
"뭐해, 빨리 안 주고?"
하고 태연한 표정으로 독촉하자 참새는
"예, 예, 그럼, 지금 선물을 가지고 올 테니 잠시만 기다려 주세요."
하고 안방으로 들어가 두 개의 옷궤를 내왔습니다.

"자, 여기 무거운 것과 가벼운 것 두 옷궤가 있으니 어느 것이든 마음에 드시는 걸 가져가세요."

"그야 당연히 무거운 것을 받아 가야지."
하고 말하기가 무섭게 할머니는 무거운 옷궤를 짊어지고 인사도 하는 둥 마는 둥 나가버렸습니다.

할머니는 계획한 대로 무거운 옷궤를 받아 나왔지만, 그렇지 않아도

무거운 옷궤가 짊어지고 걸어가는 사이에 점점 무거워져서, 어깨가 빠지고 허리뼈가 부러질 것만 같았습니다. 그렇지만 워낙 고집이 센 할머니라

“무거운 만큼 보물이 잔뜩 들어 있을 테니 정말 기대가 돼. 그런데 도대체 무슨 물건이 들어 있을까? 여기서 잠시 쉬면서 뭐가 들었는지 시험 삼아 열어 볼까나?”

이렇게 혼잣말을 중얼거리며, 길가 바위 위에

“어이쿠”

하며 걸터앉았습니다. 그러고는 매고 있던 궤를 내려놓고 서둘러 뚜껑을 열어 보았습니다.

그런데 이게 어찌 된 일일까요. 안에는 휘황찬란한 금, 은, 산호는 고사하고, 전혀 예상치 못한 세눈박이 요괴와 애꾸눈 요괴, 그리고 두꺼비 요괴 등 많은 괴물이 꿈틀거리며 뛰쳐나와

“이 욕심쟁이 할멈 같으니라고.”

하면서 무서운 눈으로 노려보기도 하고, 징그러운 혀를 내밀어 얼굴을 핥기도 했습니다. 할머니는 혼비백산하여 정신을 못 차리고

“큰일났다, 큰일났어. 나 좀 살려 줘.”

하고 비명을 지르며 집을 향해 부리나케 도망쳤습니다. 할머니가 넋이 빠진 사람처럼 새파랗게 질려 집 안으로 뛰어 들어오자, 할아버지는 깜짝 놀라

"왜 그러시오? 무슨 일이오?"

하고 물었습니다. 할머니가 방금 이러이러한 일을 당했다고 이야기하며

"아, 끔찍해. 끔찍해"

하고 말하자, 할아버지는 측은하다는 듯이

"아이고, 그거참 큰일을 당했네. 그러니까 그렇게 무자비한 짓을 하거나, 심한 욕심을 부리면 안 되는 거요."

하고 말했습니다.

〈해제〉

「혀 잘린 참새」 이야기는 참새의 보금자리를 방문하여 재보(財寶)를 얻는 치부담(致富담)[29] 중 하나다. 외형은 마음 착한 할아버지와 심술궂은 할머니의 심성을 비교하는 식으로 전개된다. 다만, 전승에 따라서는 혀를 자른 쪽이 할아버지인 경우도 적지 않으며, 상처 입은 참새를 치료하는 내용을 포함하는 것도 있어, '동물의 보은담[30]'적인 요소가 강하다고 할 수 있다. 「혀 잘린 참새」 이야기는 아카혼 등 에도 시대 중기 이후의 문헌에도 많이 보이며, 에도 시대 5대 옛날이야기의 하나로 일컬어진다. 메이지 시대 이후에도 그림책이나 읽을거리로 널리 보급되었다.

일찍이 가마쿠라 시대 초기의 『우지슈이 모노가타리(宇治拾遺物語)』에 다소 상이하나 「허리 부러진 참새」 이야기가 전해진다. 전래동화로서도 관동지방에 널리 알려져 있던 것으로 추정되는데, 줄거리는 이렇다. 허리가 부러진 참새가 자신을 치료해 준 할아버지에게 호리병박 씨를 한 알 물어다 준다. 할아버지가 그 씨를 심었더니 열매가 열리고 그 속에

29 치부 설화. 가난한 사람이 부자가 되는 내용의 설화.

30 보은 설화. 주로 동물들이 은혜에 보답하는 내용을 다룬 설화.

서 쌀이 한없이 나온다. 이를 안 심술궂은 할머니가 따라 해보지만, 열매 속에서 뱀이 나와 할머니는 죽임을 당한다는 이야기다.

이와 유사한 '다리 부러진 제비' 이야기는 조선 말기의 고대 소설인 「흥부전」을 통해 잘 알려져 있으며, 중국에도 유사한 이야기가 확인된다. 일본의 「혀 잘린 참새」와 한국의 '다리 부러진 제비' 이야기는 모태가 같은 것으로 추정되는데, 새에게 사람이 찾아오느냐 사람에게 새가 찾아오느냐에 차이가 있다. 튀르키예의 「고양이 집」은 구성이 오히려 「혀 잘린 참새」 이야기에 가깝다. 마음 착한 여자는 고양이의 집에 가서 선물을 받고, 심술궂은 여자는 죽게 되거나 뱀이나 전갈이 든 자루를 받아 간다는 식의 이야기다. 그 외에 「고양이의 집」과 비슷한 유형의 이야기가 캅카스와 헝가리에서도 발견된다.

제10장.

딸 쥐 시집보내기

옛날 옛적, 쌀과 보리와 좁쌀 그리고 콩이 가득한 어느 집 곳간 안에 유복한 쥐가 살고 있었습니다.

하지만 쥐 부부에게는 자식이 없었습니다. 그래서 날마다 지극정성으로 기도를 드렸습니다. 그러자 정성이 하늘에 닿은 것인지 어렵사리 여자아이를 하나 얻을 수 있었습니다. 아이는 쑥쑥 자라 빛이 날 정도로 아름다워져 쥐의 나라 안에서는 그 누구와도 비교할 수 없을 정도로 아름다운 일본 제일의 미녀가 되었습니다.

이렇게 되자 더 이상 같은 쥐 안에서는 딸의 사윗감으로 삼을 만한 자를 찾을 수 없었습니다. 쥐의 아버지와 어머니는 항상

"우리 딸은 일본 제일의 신붓감이니까, 어떻게든 일본 제일의 사위를 맞아야 해."

하고 말했습니다.

이 세상에서 누가 가장 위대한지 곰곰이 생각해 보니 그것은 바로 높고

높은 하늘 위에서 온 세상을 밝게 비추는 해님이었습니다. 그래서 아버지 쥐와 어머니 쥐는 딸을 데리고 하늘로 올라갔습니다. 그리고 해님에게

"해님, 해님. 당신은 이 세상에서 가장 위대하신 분입니다. 부디 제 딸을 신부로 맞아 주세요."

하고 말하며 정중히 절을 했습니다.

"그런 얘길 들으니 좋기는 하네만, 이 세상에는 나보다 더 위대한 자가 있다네."

하고 말했습니다.

이 말을 들은 아버지 쥐는 깜짝 놀랐습니다.

"정말 당신보다 더 위대한 분이 있다고요? 그분이 누구십니까?"

"그건 구름이라네. 내가 아무리 하늘에서 쨍쨍 빛나고 있으려 해도 구름이 나타나면 어찌 해볼 도리가 없다네."

"아, 그렇군요."

그 말을 들은 아버지 쥐는 다시 구름이 있는 곳으로 발길을 옮겼습니다.

"구름님, 구름님. 당신이 이 세상에서 가장 위대하신 분입니다. 부디 제 딸을 신부로 맞아 주십시오."

"그런 얘길 들으니 좋기는 하네만, 이 세상에는 나보다 더 위대한 자가 있다네."

아버지 쥐는 깜짝 놀랐습니다.

"정말 당신보다 더 위대한 분이 있다고요? 그분이 누구십니까?"

"그건 바람일세. 바람이 불어오면 나는 당해낼 수가 없지."

"아, 그렇군요."

아버지 쥐는 이번에는 바람이 있는 곳으로 갔습니다.

"바람님, 바람님. 당신이 이 세상에서 가장 위대하신 분입니다. 부디 제 딸을 신부로 맞아 주십시오."

"그런 얘길 들으니 좋기는 하네만, 이 세상에서 나보다 더 위대한 자가 있다네."

아버지 쥐는 깜짝 놀랐습니다.

"정말 당신보다 더 위대한 분이 있나요? 그분이 누구십니까?"

"그건 벽일세. 벽만큼은 내 힘으로도 도저히 날려버릴 수가 없지."

"아, 그렇군요."

아버지 쥐는 발길을 돌려 벽이 있는 곳으로 갔습니다.

"벽님, 벽님. 당신이 이 세상에서 가장 위대하신 분입니다. 부디 제 딸을 신부로 맞아 주십시오."

"그런 얘길 들으니 좋기는 하네만, 이 세상에는 나보다 더 위대한 자가 있다네."

아버지 쥐는 깜짝 놀랐습니다.

"정말 당신보다 더 훌륭한 분이 있나요? 그분이 누구십니까?"

"그건 그 누구도 아닌 바로 자네들 쥐라네. 내가 아무리 각진 얼굴을 하고 굳건히 자리를 지키려 해도, 자네 쥐들은 아무렇지도 않게 내

몸을 갉아 구멍을 내고 지나다니지 않는가? 그러니 나는 아무리 해도 쥐들을 이길 수가 없다네."

"아, 그렇군요."

아버지 쥐는 이번에야말로 정말 감격했다는 듯 손뼉을 '짝' 치며

"이런 사실을 지금까지 몰랐습니다. 그러니까 우리 쥐들이 이 세상에서 제일 위대하다는 말씀이군요. 알려주셔서 감사합니다. 감사합니다." 말하고는 싱글벙글 으스대며 돌아갔습니다. 아버지 쥐는 돌아오자마자 평소에 알고 지내던 이웃집 '찍스케' 쥐를 사위로 삼았습니다.

부잣집 사위가 된 젊은 쥐는 아내와 사이좋게 지내며, 장인과 장모를 정성 다해 섬겼습니다. 그리고 많은 자식을 낳아 곳간의 쥐 일가는 점점 더 번창했습니다.

〈해제〉

쥐가 천하제일의 사위를 찾아다니지만, 종국에는 옆집의 쥐와 혼인을 맺는다는 이야기다. 부자 쥐 부부는 세상에서 제일 잘난 사위를 얻으려고 처음에는 해를 찾아간다. 하지만 해는 구름이 가리면 빛이 지상까지 닿지 않기 때문에 구름이 자신보다 더 잘났다고 알려준다. 그래서 부모 쥐는 다시 구름과 만나 딸과 결혼해 달라고 요청한다. 하지만, 구름은 바람이 불면 흩어지므로 바람이 자신보다 더 잘났다고 말한다. 그래서 이번에는 바람을 찾아간다. 하지만, 바람은 바람이 아무리 세게 불어도 벽은 넘어트릴 수 없으니, 벽이 더 훌륭하다고 가르쳐 준다. 그래서 쥐 부부는 벽을 찾아간다. 그런데 벽도 벽을 갉아 구멍을 뚫는 쥐는 도저히 당해낼 수 없으니, 쥐가 제일 잘났다고 말한다. 그래서 결국 부모 쥐는 자신들과 동종의 쥐를 사위로 맞이한다는 이야기다.

전해지는 이야기에 따라서는 주인공으로 두더지나 돌 장수가 등장하는 사례가 있다. 두더지의 경우에는 바람 다음으로 둑을 찾아가지만, 둑에 구멍을 뚫는 두더지가 더 잘났다는 식으로 이야기가 전개된다. 전국적으로 전승되고 있는 옛날이야기인데, 내용의 차이는 그다지 크지 않다. 유사 이야기는 고대 인도의 우화집 『판차탄트라』까지 거슬러 올라가며 한반도에도 분포한다. 일본에서는 일찍이 가마쿠라(鎌倉) 시대의 불교 설화집 『샤세키슈(沙石集)』에서 발견된다.

제11장.

옛날이야기 짤막 해설

무로마치 시대 말기에서 전국 시대를 지나 에도 시대 초기에 걸쳐 이야기책이 급증하는 상황에서 색채나 성격이 새로운 책도 증가했다. 헤이안 시대의 『겐지 모노가타리』와 같은 소설을 흉내 내어 젊은 남성 귀족과 여성들의 이야기를 서양의 왕자와 공주 이야기처럼 꾸민 것도 등장했다. 그런 이야기 중에는 독일이나 중국의 이야기를 변형시킨 것도 발견된다. 또한, 스페인이나 네덜란드의 배에 실려 『이솝 이야기』나 간혹 그리스, 로마의 옛날이야기도 열도에 전해져 일본풍으로 각색되었다. 이 시대에 쓰인 이야기를 '오토기조시'라고 부른다.

태평스러운 시대가 지속되자 무사뿐 아니라 도시 서민과 농민들도 여유가 생겨 책을 읽는 계층이 확대되었다. 이야기에 그림이 들어간 책도 증가하여 그 안에는 어린이를 위한 그림책도 있었는데, 표지가 빨간색이라 하여 〈아카혼(赤本)〉이라고 불렀다. 그중에 「모모타로」, 「꽃 피우는 할아범」, 「카치카치 산」, 「혀 잘린 참새」, 「원숭이와 게의 전쟁」 이야기는 〈일본 5대 옛날이야기(日本五大昔噺)〉로서 인기가 높았다.

「모모타로」는 '일본 제일의 수수경단(日本一のきびだんご)'이라는 국수적인 표현, 그리고 개, 원숭이, 꿩, 세 용사를 인솔하고 도깨비 섬이라는 이국 정벌을 성취한다는 이야기 전개로 일본 국내에서 가장 유명한 동화가 되었다. 그런데 역으로 그러한 내용과 전개가 제2차 세계대전 후의 미군 점령하에서는 출판을 금지당하는 요인으로 작용하기도 했다.

복숭아에서 나온 작은 아이가 순식간에 성장하는 식의 기이담은 「가구야 히메」나 「우리코 히메」[31]와 유사 형태다. 또한 사내아이를 영웅으로 등장시킨, 이른바 동자 영웅 이야기는 「긴타로」와 마찬가지로 밝은 이미지를 발산하고 있는데, 일본의 신대 신화에서 오오쿠니누시를 도와 나라 만들기를 하는 소인 스쿠나비코나와의 연관성도 생각해 볼 수 있다.

「꽃 피우는 할아범」, 「혹부리 영감」, 「카치카치 산」, 「혀 잘린 참새」, 「원숭이와 게의 전쟁」 이야기는 〈일본 5대 옛날이야기〉로 인기가 매우 높았다. 이 책은 여기에 5개의 옛날이야기를 더해 출간한 것이다.

---

31 우리코 히메(瓜子姫, うりこひめ), 민간 설화의 하나로 할머니가 강에서 주운 참외(우리)에서 여자아이가 태어나는데 아름답게 성장하여 영주님에게 시집가기 위해 매일 옷감을 짠다. 그곳으로 '아마노자쿠(天の邪鬼, あまのじゃく)'라는 흉내를 잘 내는 심술꾸러기 악귀가 나타나 우리코 히메로 둔갑하여 시집을 가려 하지만 참새로 인해 사실이 들통나 히메는 무사히 시집을 가게 된다는 이야기다. 히메가 죽임을 당하는 이야기 형태도 있다.

「꽃 피우는 할아범」은, 「혹부리 영감」, 「후쿠토미 장자(福富長者)」[32]와 유사한 시기담에 충견의 보은 설화가 가미된 이야기다. 『곤자쿠 모노가타리슈』 26화에 보이는, 개가 주인이 치던 누에를 먹어 머리에서 실을 뽑아 주인을 행복하게 한다는 전개 양상을 잇고 있다고 한다.

「카치카치 산」, 「원숭이와 게의 전쟁」과 같은 복수담은 일본 특유의 이야기 형태라고 볼 수 있다. 지력 성공담인데, 뒤로 갈수록 서양 동화의 곰이나 거인처럼 우둔하고 어수룩해지거나, 할머니 탕이라는 잔인함은 어딘가 서양풍을 도입한 창작 동화적 성격이 강하다.

「혀 잘린 참새」는 『우지슈이 모노가타리』(3)의 「허리 부러진 참새」가 원전으로 알려져 있다. 「꽃 피우는 할아범」, 「혹부리 영감」과 유사한 패턴의 시기담에 동물의 보은 설화가 가미되어 있다. 거기에 유토피아적 설화 요소를 포함한다.

「원숭이와 게의 전쟁」은 「카치카치 산」과 동류인 일본풍 복수담이다. 밤, 벌, 다시마, 절구통이 등장하지만, 유형에 따라서는 식칼, 바늘, 미역, 밤, 뱀, 소똥 등이 한 무리를 이루어 원숭이를 습격한다는 식의 이야기도 보이는데, 이러한 전개는 독일의 그림 동화에서 암탉과 수탉이 4마리의 쥐에게 마차를 끌게 하고 가다가 고양이, 달걀, 오리, 재봉 핀,

32 무로마치 시대의 오토기조시로, 방귀를 특기로 가진 남자가 부자가 된 것을 옆집 남자가 흉내를 내지만, 실패한다는 시기담, 후쿠토미 소시라고 함.

맷돌 등을 만나 무리를 지어 코르베스 씨의 저택에 잠입하여 힘을 합쳐 코르베스 씨를 죽인다는 「코르베스 씨」 등과 매우 흡사하다.

「해파리 사신」은 나쁜 계략이 이보다 한 단계 높은 상대방의 지략이나 폭력으로 의표를 찔리는 상황을 은유적으로 표현한 이야기다. 오오쿠니누시 신화에 등장하는 「흰토끼(시로우사기)」도 유사한 형태라고 할 수 있다. 모태는 인도 불교의 교훈담으로 해파리가 자라나 거북이로 등장하며, 중국에서는 『곤자쿠 모노가타리슈』(5)와 마찬가지로 원숭이와 거북이, 한국에서는 토끼와 거북이가 등장한다.

「딸 쥐 시집보내기」는 이야기 전개가 돌고 돌아 원래 자리로 정착하는 순환식 이야기 구조다. 모태는 고대 인도의 설화집인 『판차탄트라』에 보이는 교훈담이다. 에도 도시 서민의 결혼 풍습을 쥐의 세계로 변형해 만든 것이 「딸 쥐 시집보내기」다.

「고양이 이야기」는 교훈용 우화로, 『오토기조시』에서 비롯된 이야기다. 『이솝 우화』 「누가 고양이 목에 방울을 달 것인가?」의 쥐들이 회의하는 장면에서 착안한 것으로 추정된다.

「차 솥으로 둔갑한 너구리」는 다테바야시의 세이류산 모린지라는 절에서 소장한 '따라도 줄지 않는 차 솥'에 얽힌 전설이 동화로 변용되고, 나아가 둔갑한 차 솥이 신바람 나는 춤을 추어 사람을 끌어모으는 구경거리로 발전하여 유포되었다. 너구리의 보은담이기도 하다.

「긴타로」는 괴력을 가진 사내아이의 이야기로, 치카마쓰(近松)[33]의 「자식 가진 야마우바(嫗山姥)」, 「젠타이헤이키(前太平記)」(16)에 보인다. 미나모토노 요리미쓰의 사천왕 중, 사카타노 긴토키의 출생 설화를 바탕으로 한, 반 전설적 동화다. 하코네산에 긴토키산이 있기도 해, 지방 전설이라고도 할 수 있다. 또한, 사람이 요괴에게 길러진 영웅 출생담이기도 하다.

---

33 에도 시대 전기부터 중기에 걸쳐 닌교조루리(人形浄瑠璃)와 가부키(歌舞伎)의 각본을 쓴 인물이다. (1653~1724)

〈부록〉

옛날이야기(むかしばなし)란?

'옛날이야기(昔話, むかしばなし)'란, 민간 설화 혹은 구승 문예의 한 종류로 전설, 세상사 이야기와 함께 민간에 전해지는 대표적인 서민 문예를 말한다. 옛날이야기를 나타내는 일본어 'むかしばなし(昔話)'는 영어의 'folk tale', 프랑스어의 'conte populaire', 독일어의 'Märchen, Erzählung', 중국어의 '民間故事', 한국어의 '옛날이야기' 등과 같은 의미로 사용된다. 일본의 경우 'むかしばなし'라는 호칭은 본래 학술용어로, 민간에서는 'ざっとむかし(대략 옛날)', 'とんとむがし(아주 먼 옛날)', 'むかし(옛날)', 'むがしがだり(옛날이야기)' 등으로 불렀다.

옛날이야기의 개념

옛날이야기는 고유의 전승 형식을 띤다. 일본의 경우 모두부에 'むかしむかし(무카시 무카시)', 'むかしあったげな(무카시 앗타게나)', 'むかしあっ

たずもな(무카시 앗타즈모나)', 'むかしあったけじょん(무카시 앗타케종)' 등으로 이야기를 시작하여, 'どっとはらい(돗토 하라이)', 'どんぺからこねけど(돈페카라 코네케도)', 'これでいっちごさっけ(고레데 잇치고삿케)', 'とんぴんぱらりんのぷ(돈핑 파라린노프)' 등의 특정한 어구를 사용한다. 옛날이야기가 전설이나 세상사 이야기와 확연히 다른 것은 모두부와 결말이 서로 상응하는 어구로 이야기의 개시와 종결을 알린다는 점이다.

옛날이야기 연구는 독일의 그림 형제에 의해 시작되었다. 그림은 1812년 민간에 전승된 메르헨(Märchen)을 수집하고 과학 연구를 위해 정의를 부여했다. 여기서 메르헨은 창작 동화(Kunstmärchen)와는 별개로 전승된 이야기를 가리킨다. 메르헨은 본래 메르(Märe)의 지소사(指小辭, 어떤 말에 덧붙어 그 말이 나타내는 뜻이 작거나, 어리거나, 귀여움을 나타내게 하는 접사, 예: 송아지, 망아지에서의 '-아지' 따위)이다. 메르는 뉴스나 보고를 의미하며, 중세에서는 '이야기를 말하다'라는 의미로 사용되었다.

그림 형제에 따르면 메르헨은 시적이며, 전설(Sage)은 역사적이다. 옛날이야기는 처음부터 그 자체에서 개화하고 완성되었지만, 전설은 색채가 빈약하고 이미 알려진 어떤 사물, 의식된 것, 장소 또는 역사로 인해 확실해진 이름과 밀접하다는 특수성을 띤다. 이 말은 옛날이야기의 개념 규정의 출발점을 나타낸다.

또한, 1920년 그림 동화의 해설자인 볼테(Johannes Bolte, 1858-1937)도 옛날이야기와 전설을 비교하여 다음과 같이 논하고 있다.

(1) 전설은 현실성을 부여하려는 요구를 고조시켜 듣는 이의 믿음을 구한다. 이에 반해 오락을 의도하는 옛날이야기는 세속적인 사건에 얽매이지 않는다.

(2) 전설은 역사적인 사건, 인물 혹은 일정한 주변의 사물, 산, 바다, 수목, 건물에 얽혀 있다. 이와 달리 옛날이야기는 시간이나 공간과 결부되지 않고 사물의 호칭 대부분을 포기한다.

(3) 옛날이야기의 이야기 방법은 '옛날 옛적 어느 곳에(むかしむかしある所に'로 시작하며, 마지막에는 옛날이야기 그 자체의 마지막, 주인공의 행복, 악인의 징벌을 의미하는 말로 끝난다. 더욱이 일정한 반복, 3이라는 수 또는 3단계의 전개, 사건의 고양 등의 서사 법칙이 있다.

볼테의 (1) 신빙성 (2) 의존성, 정착성 (3) 형식(양식)의 유무를 기준으로 한 옛날이야기의 개념 규정, 범위의 기준은 이후의 옛날이야기 연구에 크나큰 공헌을 했다. 일본의 옛날이야기 연구의 선구자 야나기타 쿠니오(柳田国男)도 볼테의 영향을 받았다.

또한, 1910년 핀란드의 민속학자 안티 아르네의 옛날이야기 유형 목록의 편찬은 옛날이야기 연구에 큰 족적을 남겼다. 아르네는 옛날이야기 비교 연구를 목적으로 '동물 옛날이야기', '본격 옛날이야기', '소화(우스운 이야기)' 이렇게 3군으로 분류했다. 여기에 더해 1928년 스티스 톰프슨은 이 목록을 번역하고 보충한 후, 한층 더 보완하여 민간 문예의 모티브 색인을 엮어 비교 연구의 기반을 마련했다. 톰프슨은 아르네의 넓은 의미의 메르헨을 'folk tale'이라고 불러 이 타입의 수를 585종에서 3,345종으로 경신하고 유형 번호에 따라 정리 분류했다. 모티브 색인은 약 4만 개에 달해 알파벳과 숫자의 번호로 나타낸다. 이것을 AT(Aarne-Thompson) 번호라 하는데, 이 번호는 오늘날 옛날이야기의 비교와 분포, 존재의 조합 등에 있어서 기본적인 안내서가 되고 있다.

옛날이야기의 특성

현재 일본에서는 옛날이야기 자료의 수집이 진전되어 옛날이야기의 전승적 특성이 점차 명확해지고 있다. 그 특성을 정리하면 다음과 같다.

(1) 옛날이야기에는 이야기꾼(화자)이 이야기를 풀어가는 데 있어서 전제되는 특정한 말이 있다. 이를테면 모두부에 놓이는 말, 또는 경계해야 할 말이다. 가고시마현(鹿児島県) 오오스미(大隅) 반도에서는 '옛날 일이라 있었는지 없었는지 잘 모르지만, 없었던 일도 있었던 일로 들어주오(むかしのことなれば，あったかなかった知らねども，なかったこともあったことにして聴いてくれ)'라고 한다. 야마가타현(山形県) 모가미(最上) 지방에서는 '옛날 옛적, 있었는지 없었는지 잘 모르지만 있었던 일로 들어주지 않으면 안 되오(むかしむかし，あったかなかったか知らねども，あったことにして聞かずばなるまい)'라는 말이 남아있다. 양쪽 모두 옛날이야기를 피로할 때 주의를 환기하는 의미가 포함되어 있다. 이와 같은 말에는 신이 사람을 통해 계

시하는 말과 유사한 독자적인 리듬이 내재한다.

(2) 옛날이야기에는 이야기의 순서가 있고 거기에 상응하는 절차가 있다. 처음에 이야기꾼이 피로(披露)하는 옛날이야기의 특별한 기능은 이야기의 장을 마련한다는 점이다. 여기에는 옛날이야기의 분위기를 만들고 이야기 장소의 흥을 돋우는 목적이 있고, 특수한 이야기 언어의 울림이 요구된다.

(3) 이야기꾼이 옛날이야기를 피로하면 청중(청자)의 맞장구가 요구된다. 맞장구에 해당하는 말은 고장에 따라 판연히 다르다. 야마가타현(山形県) 쇼나이(庄内) 지방에서는 'おでやれ, おでやれ(오데야레 오데야레)', 야마가타현 내륙에서는 'おっとう(옷또)' 하고 응한다. 사도(佐渡)에서는 'さーす(사-스)', 'さーそ(사-소)', 니가타현(新潟県) 나가오카시(長岡市) 도라오(栃尾) 지역에서는 'さあんすけ(사안스케)', 아마미(奄美)의 도쿠노시마(徳之島)에서는 'はいはい(하이 하이)' 하고 응한다. 이와 같은 것들은 모두 특수한 비일상적인 말이라고 할 수 있다.

(4) 옛날이야기에는 이야기의 장에서만 사용되는 청중이 해야 할 말이 있다. 이야기꾼에게 이야기를 재촉하는 말과 이야기가 끝나면 노고를 위로하고 칭찬하는 말이다. 이야기를 재촉하는 말인 'こどでや, こどどや(고도데야 고도도야)', 'もしとず, もしとず(모시토즈 모시토즈)' 등에서는 이야기를 연장하고 이야기의 장을 보다 충실한 언어 공간으로 만들기 위한 재촉 과정을 엿볼 수 있다. 한편 이야기가 마지막까지 무사히 완

결되었을 때는 '수고했습니다, 재밌었습니다'라는 의미의 말로 'ご苦労でやした, おもしろうござった'나 'かたじけのうやした' 등이 사용되는데, 청중이 이야기꾼에게 고마움을 표시하는 답례의 말이다.

(5) 옛날이야기에는 본디 옛날이야기를 전하는 것 자체에 대한 엄격한 제약이나 금기 사항이 따랐다. 특히 일본 전역에서 볼 수 있는 것으로 '昼むかし(낮에 하는 옛날이야기)'에 대한 강한 금지가 있다. 다시 말해서 부주의하게 일상적인 한낮에 옛날이야기를 피로하지 말라는 금기다. 이것은 옛날이야기가 전통적으로 밤에 행해지는 것이며, 서민들 사이에 신성한 밤 이야기의 존재를 명확히 규정하는 것이다. 이 밤 이야기의 신성함을 침범한 경우에는 'ねずみが小便する(쥐가 소변을 본다)'거나 '嫁入り道具が燃える(시집갈 때 가져갈 도구가 불탄다)', '舟に乗ると難破する(배에 타면 난파한다)' 등의 말이 따르는데, 신변에 불온하고 불길한 사태가 발생할 것이라는 예고나 제재를 나타낸다.

또한 옛날이야기에는 특정한 때를 선택함과 동시에 그 계절이나 이야기 장소에서 행해지는 간략한 전언이 있다. 예를 들어 '節供すぎての馬鹿むがし(명절 의식 후의 옛날이야기)', '炬燵とれての馬鹿むがし(고타쓰를 치우고 하는 옛날이야기)', '昔話は庚申の宵(옛날이야기는 경신일 밤)' 등이다. 신성한 날인 정월이나 명절, 그리고 신을 향한 밤샘 제사 의식 등의 장소를 선정해 행했던 것을 알 수 있다. 이 같은 규범을 범한 자는 공동체의 질서를 어지럽힌 자로서 공동체 안에서 추방당하는 상황을 맞기도

했다. 그것은 농경 생활의 공동체가 유지해 온 모두에게 축일로 특정된 날에는 옛날이야기가 빠지지 않았었다는 것을 여실히 보여준다.

옛날이야기의 이같이 엄숙한 모습은 이야기를 수렴하는 상황에서도 유지된다. 예를 들어 '百物語[34]は化け物が出る(백 가지 이야기 끝에는 귀신이 나온다)', '百物語すると囲炉裏端の猫が化ける(백 가지 이야기를 하면 방바닥 화롯가의 고양이가 둔갑한다)'와 같이 장시간에 걸친 이야기를 기피하는 지방도 있다. 옛날이야기의 장에서는 이야기의 처음부터 마지막까지 금기나 그것을 어겼을 때의 제재가 있다. 이야기의 장에는 그 붕괴를 막기 위한 주의도 동시에 전해 남기고 있다. 이를 통해서 옛날이야기가 비일상적인 언어활동으로 존재했다는 사실을 엿볼 수 있다.

(6) 옛날이야기에는 이야기의 조건을 구비하고 이야기를 계승하는 '語り婆さ(이야기 노파)·語り爺さ(이야기 노인)'이 있다. 즉 이야기꾼을 말한다. 일본 각지에는 수없이 많은 이야기를 계승하는 이야기꾼이 존재하고, 그들은 옛 노인이라는 의미의 '고로(古老)'라 불리며 사람들로부터 존경을 받았다. 이야기꾼은 공동체 안에서 중요하게 여겨지는 혈통이나 가문의 출신이었다. 이야기꾼은 비길 데 없이 기억력이 좋고, 공동체의 과거를 잘 알며, 무엇보다 제사나 농사와 관련한 전승 지식이 풍

34 밤에 여러 명이 모여 차례로 괴담을 나누는 놀이. 초를 백 개 세우고 이야기 하나가 끝날 때마다 하나씩 불을 끄다가 100번째가 끝나고 캄캄해지면 귀신이 나온다는 식의 놀이.

부한 사람들이었다. 백 가지 이야기 급 이야기꾼 안에는 평생 문자를 다루지 못하던 여자도 존재했다.

옛날이야기는 대체로 '이로리(囲炉裏, 마룻바닥에 사각형으로 설치한 화로)'를 중심으로 행해진다. 이야기는 화로 앞 '요코자(横座, 횡석)' 또는 '가미자(上座, 상석)'라고 불리는 주인이 앉는 자리의 정면, 그리고 '미즈야(水屋, 부엌)'나 '난도(納戸, 창고 방)'를 등지고 마루 화롯불을 마주 보는 주부의 자리인 '가카자(嬶座, 주부 석)', 객석인 '갸쿠자(客座)', 집안 일꾼들이나 젊은이들이 앉는 시모자(下座, 하석)를 향해서 행해진다. 청중은 갸쿠자나 시모자에 앉거나 지방에 따라서는 쓰개로 몸을 덮어쓰고 옛날이야기를 즐겼다. 이야기의 장에서는 이야기꾼이 앉은 모습이나 자세까지 관심의 대상이었다.

(7) 옛날이야기는 전승적인 형식을 답습하는 공동체의 이야기와는 달리 작업 방이나 목재 방, 생선 방, 물레 방, 월경 방, 산 방 등, 같은 연령대의 집단, 동성 집단 단위로 행해지기도 했다. 또한 마을에 드나드는 옻을 채취하는 사람, 물통을 만드는 사람, 대장장이, 맷돌이나 톱날을 가는 사람, 칠을 하지 않은 나무를 파는 사람, 바구니 장수, 생선 장수, 약장수, 광대, 종교인 등이 원격지에서 이야깃거리를 날라와 옛날이야기로 수용된 사례도 있다. 이러한 사람 중에는 일정 기간 마을에 머물면서 주민과 교류하며 세간의 기이한 일이나 색다른 소문을 전파하고 그것을 생업으로 하는 사람들도 있었다.

예능에 조예가 깊은 사람들이 제사 의식에 모이는 사례도 있었다. 하천의 범람으로 다리가 떠내려가 여행객의 발이 묶였을 때 옛날이야기를 남겼다는 사례나 역병이 창궐했을 때 피난하여 칩거한 사원이나 법당에서 옛날이야기를 피로했다는 사례도 있다. 물론 이러한 사례들은 일본뿐 아니라 세계 각국에 존재한다.

옛날이야기 분류

일본의 옛날이야기 분류는 세계의 옛날이야기 연구 동향과 깊이 연관되어 있다. 야나기타 쿠니오(柳田国男)는 1934년 「옛날이야기의 분류에 관해(昔話の分類に就いて)」(『여행과 전설(旅と伝説)』에 수록)를 저술하여 일본 옛날이야기 분류 연구의 효시가 되었다. 또한, 야나기타에 앞서 시도된 도노(遠野)의 사사키 키제(佐々木喜善)에 의한 다섯 종류의 설화 분류는 개념 규정이 명확한 것이 아니어서 객관적 기준이 되지는 못했다. 1948년 야나기타는 일본의 옛날이야기 명칭을 수집한 『일본 옛날이야기 명휘(日本昔話名彙)』를 출판하고, 독자적인 견해를 체계화했다. 이에 따라 일본의 옛날이야기 분류 연구는 첫걸음을 내딛게 되었다.

야나기타는 일본의 옛날이야기를 크게 (1)'완성형(본격) 옛날이야기(完形昔話)'와 (2)'파생형 옛날이야기(派生昔話)'로 분류하고 정리했다. 요약하면 다음과 같다.

(1) 완성형 옛날이야기

- 기이한 탄생과 상서로운 조짐(誕生と奇瑞): '모모타로(桃太郎)', '지카라타로(力太郎)', '우리코 히메(瓜子姫)' 등
- 기이한 성장(不思議な成長): '뱀 아들(蛇息子)', '우렁 장자(田螺長者)' 등
- 행복한 혼인(幸福なる婚姻): '옆집 네타로(隣の寝太郎)', '소 시집보내기(牛の嫁入)' 등
- 의붓자식담(継子譚): '겨복 쌀복(糠福米福)', '연지 접시 깨진 접시(紅皿欠皿)' 등
- 형제의 우열(兄弟の優劣): '형제 이야기(兄弟話)', '아우의 출세(弟出世)' 등
- 재부 발견(財宝発見): '고로의 이 빠진 그릇(五郎の欠椀)', '보물의 힘(宝物の力)' 등
- 재난 극복(厄難克服): '귀신 이야기(鬼むかし)', '먹지 않는 마누라(食わず女房)' 등
- 동물의 도움(動物の援助): '평판(聴耳)', '금부채 은부채(金の扇銀の扇)', '너구리로 둔갑한 차 솥(分福茶釜)' 등
- 말의 힘(ことばの力): '요괴 문답(化物問答)', '목수와 도깨비 로쿠(大工と鬼六)' 등
- 지혜의 효과(知恵のはたらき): '여우 퇴치(狐退治)', '오바스테 산(姥棄山)' 등

(2) 파생형 옛날이야기

- 숙명담(因緣話): '노래하는 해골(歌い骸骨)', '팔자 이야기((運定め話)' 등
- 요괴담(化物語): '작은 바지(ちいさい小袴)', '요괴 퇴치(化物退治)' 등
- 소화(笑話): '허풍(大話)', '실패한 흉내((真似そこない)', '어리석은 마을 이야기(愚かな村話)'
- 조수초목담(鳥獣草木譚): '참새의 효행(雀孝行)', '두견새와 형제(時鳥と兄弟)', '동물 경쟁(動物競争)', '꼬리 낚시(尻尾の釣)', '카치카치 산(かちかち山)' 등
- 그 외: 옛날이야기와 전설의 중간에 있는 것(昔話と伝説の中間をゆくもの): '유리와카 대신(百合若大臣)', '산녀의 예물(産女の礼物)', '나가라의 제물이 된 사람(長柄の人柱)' 등

이상에서 제시한 것을 통해 야나기타의 '완성형 옛날이야기'는 대체로 '본격 옛날이야기(本格昔話)'와 일치하며, 인간의 성장담을 의도한 것으로 추정된다. 완성형 옛날이야기의 주인공은 언제나 작고 기이한 출생과 성장을 보인다. 즉, 작고 안이 비어 있는 공간에서 지극히 작은 모습의 아이로 태어나 기이한 성장을 거쳐 몇 단계의 재난을 접하고, 마침내 행복한 결혼에 이른다. 이것을 인생의 완결로 간주하고 완성형 옛날이야기로 구분했다. 그 외는 모두 여기에서 파생한 것으로 본 것이다.

한편, 세키 케이고(関敬吾)는 국제적인 시각에서 옛날이야기를 분류하고 정리했다. 그것은 1959년의 『일본 옛날이야기 집성(日本昔話集成)』, 1980년의 『일본 옛날이야기 대성(日本昔話大成)』에 나타나 있는데, 비교 연구를 목적으로 한 분류 기준이다. 세키는 전술한 아르네(A)-톰프슨(T)의 분류를 토대로 일본의 옛날이야기 자료를 정비하여 유럽의 옛날이야기 자료에 비추어 검색할 수 있도록 했다. 즉, 다음과 같이 분류하여 AT 번호를 붙이고 서구와 조응하게 했다.

(1) 동물 옛날이야기(動物昔話)

- 동물 갈등(動物葛藤): '물고기 도둑(魚泥棒)', '꼬리 낚시(尻尾の釣)' 등
- 동물 분배(動物分配): '너구리와 토끼와 수달(狸と兎と川獺)', '여우와 너구리와 토끼(狐と狸と兎)' 등
- 동물 경쟁(動物競争): ① '우렁이와 여우(田螺と狐)', '십이지의 유래(十二支の由来)', '벼룩과 이의 달리기(蚤と虱の駆け足)' 등 ② '원숭이와 게의 떡 쟁탈전(猿蟹餅競争)', '원숭이와 두꺼비의 떡 도둑(猿と蟇の餅泥棒)' 등
- 원숭이와 게의 전쟁(猿蟹合戦): '원숭이 밤도둑(猿の夜盗)', '원숭이와 게가 함께 경작하는 논(猿と蟹の寄合田)' 등
- 카치카치 산(かちかち山): '카치카치 산(かちかち山)' 등
- 비 새는 낡은 집(古屋の漏): '비 새는 낡은 집(古屋の漏)'

- 동물 사회(動物社会): '쥐와 족제비가 함께 경작하는 논(鼠と鼬の寄合田)', '원숭이의 생간(猿の生肝)' 등
- 작은 새의 전생(小鳥前生): '두견새와 형제(時鳥と兄弟)', '참새의 효행(雀孝行)' 등
- 동물 유래(動物由来): '개의 다리(犬の脚)', '기러기와 거북이(雁と亀)' 등

(2) 본격 옛날이야기(本格昔話)

- 혼인(婚姻), 인간이 아닌 남편(異類聟): '뱀 데릴사위(蛇聟入)' 등
- 혼인(婚姻), 인간이 아닌 아내(異類女房): '뱀 아내(蛇女房)', '개구리 아내(かえる女房)'
- 혼인(婚姻), 난제 남편(難題聟): '그림 아내(絵姿女房)' 등
- 탄생(誕生): '우렁 아들(田螺息子)', '개구리 아들(蛙息子)' 등
- 운명과 치부(運命と致富): '숯장이 장자(炭焼長者)', '산신 문답(産神問答)' 등
- 주보담(呪宝譚): '소문(聴耳)', '개와 고양이와 반지(犬と猫と指環)' 등
- 형제담(兄弟譚): '3인 형제(3人兄弟)', '나라 배 따기(奈良梨採り)' 등
- 옆집 노인(隣の爺): '지장 정토(地蔵浄土)', '쥐의 정토(鼠浄土)' 등
- 섣달그믐날의 객(大歳の客): '원숭이 장자(猿の長者)', '보물 수건(宝手拭)' 등
- 의붓자식 담(継子譚): '쌀 복 좁쌀 복(米福粟福)', '사라사라 야마(皿々山)' 등

• 이향(異鄕): ‘용궁 동자(竜宮童子)’, ‘우라시마 타로(浦島太郎)’ 등

• 동물의 보은(動物報恩): ‘늑대의 보은(狼報恩)’, ‘고양이 신도(猫檀家)’ 등

• 도피담(逃竄譚): ‘세 장의 부적(三枚の護符)’ 등

• 어리석은 동물(愚かな動物): ‘대장간의 할머니(鍛冶屋の婆)’, ‘고양이와 호박(猫と南瓜)’ 등

• 사람과 여우(人と狐): ‘엉덩이 엿보기(尻のぞき)’, 승려 여우(山伏狐) 등

(3) 소화(笑話)

• 우인담(愚人譚): ‘우둔한 마을(愚かな村)’, ‘우둔한 남편(愚か聟)’, ‘우둔한 아내(愚か嫁)’, ‘우둔한 사내(愚かな男)’ 등

• 허풍담(誇張譚): ‘하치코쿠 야마(八石山)’, ‘겐고로의 승천(源五郎の天のぼり)’ 등

• 뛰어난 지혜담(巧智譚): ‘인왕과 하왕(仁王と賀王)’ 등

• 교활한 자 이야기(狡猾者譚): ‘까마귀와 꿩(烏と雉子)’ 등

• 형식담(形式譚): ‘돌고 돌아오는 운명(廻りもちの運命)’ 등

양자의 분류는 이상과 같은데, 야나기타는 완성형 옛날이야기에서 옛날이야기의 오래된 형태를 발견하고, 파생 설화(派生昔話)에서 2차적인 물리적 시간의 경과를 확인하고 있다. 이에 반해 세키는 세 가지 형태로 분류한 옛날이야기 군을 병존하는 것으로 판단했다. 더욱이 세 가

지 형태의 옛날이야기 사이에 시간적 차이나 우열은 일절 인정하고 있지 않다.

참고

- 야나기타 쿠니오 감수(柳田国男監修) 일본방송협회 편집 간행(日本放送協会編 · 刊)『일본 옛날이야기 명휘(日本昔話名彙)』(1948)
- 세키 케이고 편저(関敬吾編著)『일본 옛날이야기 대성(日本昔話大成)』전12권(1978~80), 가도카와 서점(角川書店)
- 세키 케이고 저작집(関敬吾著作集) 6,『비교 연구 서설(比較研究序説)』(1982), 도호샤 출판(同朋舎出版)
- 노무라 준이치(野村純一)『옛날이야기 전승 연구(昔話伝承の研究)』(1984), 도호샤 출판(同朋舎出版)
- 오자와 도시오(小沢俊夫)『세계의 민화 25 해설편(世界の民話25 解説編)』(1978), 교세이

〈출전, 쇼가쿠칸(小学館) 일본대백과전서(日本大百科全書)〉

민병훈

현재 대전대학교 비즈니스일본어학과 교수로 재직하고 있다. 일본의 센슈대학(専修大学) 일본어일본문학과를 졸업하고, 문부성 국비 장학생으로 동 대학원 문학연구과에 진학하여 우타 모노가타리(歌物語) 연구로 박사 학위를 취득했다.

박사 과정 중에 집필한 논문 「『伊勢物語』六段の「あくたがはといふ河」考-地史的視点から-」가 『国語と国文学』에 게재되었다.

저서에 『歌物語の淵源と享受』, 『わかる日本文化』 (공저, 외국어 고등학교 국정교과서), 『出雲文化圏と東アジア』 (공저), 『한 권으로 읽는 일본 문학사』, 『일본어 독해와 작문 I, II』 (공저, 외국어 고등학교 인정교과서) 등이 있고, 역서에 『이세 모노가타리』, 『야마토 모노가타리』, 『일본 신화 이야기』, 『헤이추 모노가타리』 등이 있으며, 최근의 논문에 「다자이후와 탕치의 고장 쓰쿠시(筑紫)-나라, 헤이안 문학을 중심으로-」, 「『이세 모노가타리』 아즈마쿠다리(東下り) 관련 단에 수용된 야치호코(八千矛) 신화」, 「헤이안 문학에 보이는 여성의 이동 양상과 원형」 등이 있다.

다케토리 모노가타리와 일본의 옛날이야기

초판인쇄 2026년 01월 12일
초판발행 2026년 01월 12일

지 은 이 민병훈
펴 낸 이 채종준
펴 낸 곳 한국학술정보(주)
주 소 경기도 파주시 회동길 230(문발동)
전 화 031-908-3181(대표)
팩 스 031-908-3189
투고문의 ksibook1@kstudy.com
등 록 제일산-115호(2000. 6. 19)

ISBN 979-11-7457-354-4 93910